원효의 생애 제2권

원효의 보살계

『보살계본지범요기』

원효 성사 지음
백송 정목 분과 역해

금샘

원효의 보살계
『보살계본지범요기』

원효 성사 지음
백송 정목 분과 역해

원효성사 진영

ⓒ일본 高山寺 소장 원효성사 진영
15세기에 그려진 가장 오래된 초상화, 모사(模寫) 박진성.

서문 ‖ 전예도인 · 극사사문에게 고함

『보살계본지범요기』는 그 전문이 온전히 남아 있어서, 원효(617~686)의 계율사상을 파악할 수 있는 유일한 저술이다. 이 논서를 통해 원효가 '파계승'이 아니라 계율에 철저했던 율사(律師)였음을 확인할 수 있을 것이다. 이 논서는 환속한 이후에 거사(居士)의 신분으로 저술한 것으로 추정된다.

『보살계본지범요기』는 보살계(菩薩戒) 곧 '보살이 몸과 입과 마음으로 지녀야 할 정업(正業)'의 요점을 모아서, 계(戒)의 차별을 해설한 논서이다. 보살은 출가사문과 재가불자를 포함하여 '상구보리 하화중생(上求菩提 下化衆生)'을 실현하기 위해 정진하는 모든 수행자를 말한다. 원효의 「보살계」는 출가사문과 재가불자 모두를 위해 설한 것이다. 계율에 철저했던 성사가 환속한 뒤에도 계정혜의 정업으로 불교를 보호하고, 지혜의 광명이 쇠퇴하지 않도록 얼마나 힘썼는지를 알 수 있다.

『보살계본지범요기』는 「대의」와 3문과 「유통게」로 구성되었다. 「대의」의 첫 번째는 '보살계를 설하는 근본'을 밝히고, 두 번째는 '일반적인 행위의 양상'에 대해 예를 들어 보였다. 세 번째는 재가불자 중에 오랫동안 불도를 흉내 내는 행적을 제멋대로 하여 진실하고 바른 것을 잃어버린 **전예도인**(專穢道人)과 출가사문 중에 언제나 깊은 계를 깎아내리며 얄팍한 행위를 구하는 **극사사문**(剋私沙門)이 있다고 하였다. 「대의」의 네 번째는 전예도인과 극사사문에게 지계를 권하고, 다섯 번째는 모든 수행자에게 본서의 뜻을 같이하여 결단하기를 권하였다.

「보살계」의 요점인 3문 중에 제1 경중문(輕重門)은 '죄가 가벼움과 죄가 무거움을 논한 문이고, 제2 천심문(淺深門)은 '계를 지님과 범함에 대한 이해의 얕음과 깊음을 논한 문이며, 제3 명구경지범문(明究竟持犯門)은 '구경의 경지에서 지님과 범함을 밝힌 문'이다.

제1문에서 상품의 죄를 짓는 사람은 **사자 몸 안의**

벌레와 같다고 하며, 그 죄를 세 부문에서 세 쌍으로 보이고 해설하였다. 선정의 가르침에서 **탐욕과 교만의 마음**, 계율의 가르침에서 **좌사계와 좌정계를 범함**, 지혜의 가르침에서 **증익과 손감의 견해**를 말한다. 수행자 중에 이 세 쌍의 죄를 짓는 이를 전예도인·극사사문이라고 부른다.

또, '자신을 칭찬하면서 남을 훼손하는 계'를 중심으로 자신과 남의 몸과 마음을 더럽히는 죄를 짓지 말라고 경고하였다. 이는 탐욕과 말싸움과 삿된 견해가 세상을 혼탁하게 만드는 공해가 되고, 범계와 안일함으로 불법의 생명이 위태롭게 된 오늘날을 내다본 비밀한 예언과 같다.

이 책은 보살의 윤리적 행위인 계를 해설한 차원을 넘어, 세계와 인간의 존재방식·계에 대한 이해의 얕음과 깊음·계의 자체상과 유사·지계바라밀 등을 명료하게 밝혔으니, 지혜와 자유로 인도하는 비밀한 수행의 지침서이다. 필자는 이 책이 원효의 저술 중에 유일하게 계정혜의 정업과 지혜의 비밀한 뜻을 밝혔으며, 이 시대에 꼭 필요한 수행의 지침서라는 점에서 세상에 알려 공유하고, 다 함께 수행자의 거울로 삼고자 감히 펴내는 것이다. 이 책을 글마다 사유하며 정밀하게 보는 이들은 원효의 높고 깊은 지혜와 성사(聖師)다운 면모를 확인하는 계기가 될 것이다.

  논서의 전문을 실어 성사의 뜻에 어긋날까 염려하며 조심스럽게 번역하고, 글의 뜻에 따라 분과(分科)를 마친 뒤에, 해설을 사족처럼 붙여두었다. 이 논서가 수행자들에게 행위와 지혜의 거울이 되기를 바란다. 또 지혜 깊은 선지식은 너그러운 마음으로 비정(批正)해 주시기를 바란다.

    일체경계 본래일심
    일체가 아미타불의 화신이다.
    모든 인연의 은혜에 감사하고 보은합니다.

    불기 2563(2019)년 9월 9일
    오룡산 정토원에서 백송 정목(白松 正牧) 삼가 씀

목차 / 目次

원효성사 진영 ·· 4

서문 ‖ 전예도인 · 극사사문에게 고함 ························· 5

설계의례 ‖ 보살계를 설하는 의식 ································ 12

제명 ‖ 『보살계본지범요기』 ·· 15

일러두기 ‖ ·· 18

원효의 『보살계본지범요기』
「보살계를 설하는 큰 뜻」‖ ··· 20
「보살계를 설하는 큰 뜻」‖ 〖해설〗 ······························· 22

본론 ‖ ··· 33
제1 경중문
 죄가 가벼움과 죄가 무거움 ······································ 36
  제1장 계를 총괄적으로 판별함 ································ 37
   제1절 죄가 가벼움을 총괄적으로 판별함 ············· 37
   제2절 죄가 무거움을 총괄적으로 판별함 ············· 40

목차 9

제2장 계의 차별을 하나씩 밝힘 ·········· 44
　제1절 계를 범함이 있음과 범함이 없음 ·········· 45
　　1. 계를 범함이 없는 경우 ·········· 46
　　2. 계를 범함이 있는 경우 ·········· 49
　　　1) 죄가 가벼움의 물듦과 물들지 않음 ·········· 50
　　　2) 한 번 칭찬하고 훼손하는 계의 차별 ·········· 54
　제2절 죄가 무거움의 하품·중품·상품 ·········· 60
　　1. 번뇌로 말미암은 사고의 삼품 ·········· 62
　　2. 현상으로 말미암은 사고의 삼품 ·········· 64
　제3절 상품의 죄는 사자 몸 안의 벌레 ·········· 66
　　1. 탐욕과 교만의 마음 ·········· 69
　　　1) 탐욕으로 말미암은 사고 ·········· 70
　　　2) 교만으로 말미암은 사고 ·········· 74
　　2. 좌사계와 좌정계를 범함 ·········· 77
　　　1) 죄가 되는 삿된 계 ·········· 79
　　　2) 죄가 되는 바른 계 ·········· 82
　　　3) 바른 계도 죄가 된다 ·········· 85
　　3. 증익과 손감의 견해 ·········· 93
　　　1) 있음에 집착함 ·········· 94
　　　2) 없음을 취함 ·········· 98
　　　3) 없음을 취하는 어리석음 ·········· 103
　　　　(1) 낮음을 들어 높음으로 삼음 ·········· 104
　　　　(2) 적음을 믿고 많음을 비방함 ·········· 110
　　4. 세계와 인간의 존재방식 ·········· 112
　　　1)『화엄경』에 의하는데 병을 얻는가? ·········· 113
　　　2)『해심밀경』에 의해 마음의 병을 살피라 ·········· 129
　　　3)『유가사지론』· 악취공자를 멀리하라 ·········· 136

제2 천심문

지님과 범함에 대한 이해의 얕음과 깊음 ········ 148
제1장 계를 지님과 범함을 다르게 이해함 ········ 150
제1절 지혜가 얕은 사람의 인식 ········ 151
제2절 지혜가 깊은 사람의 이해 ········ 153
제2장 자찬훼타계에 대한 이해의 얕음과 깊음 ········ 155
제1절 복이 되고 죄가 된다 ········ 157
제2절 죄가 되고 복이 된다 ········ 158
제3절 때로는 죄가 되고 때로는 복이 된다 ········ 161
제4절 때로는 복이 되고 때로는 죄가 된다 ········ 164
제5절 사구의 판별에 대한 결론 ········ 167

제3 명구경지범문

구경의 경지에서 지님과 범함을 밝힘 ········ 171
제1장 계의 특성 ········ 172
제1절 계의 자체상은 있지 않다 ········ 172
제2절 계의 유사는 실재한다 ········ 177
제2장 보살의 다섯 가지 지계바라밀 ········ 179
제1절 계의 유사을 버리지 않는다 ········ 179
제2절 계의 실상을 어기지 않는다 ········ 180
제3절 계의 양변에 떨어지지 않는다 ········ 181
제4절 계는 부처의 본원 보살의 근본이다 ········ 183
제5절 계는 처음부터 닦을 것이다 ········ 191

유통게 ‖ ········ 198

필자의 후기 ‖ ········ 202

설계 의례 ‖ 보살계를 설하는 의식

삼보례 三寶禮
一心頂禮 盡十方三世 一切諸佛
(일심정례 진시방삼세 일체제불)

시방삼세에 가득하신 일체 모든 부처님께
한결같은 마음으로 정례하옵니다.

一心頂禮 盡十方三世 一切尊法
(일심정례 진시방삼세 일체존법)

시방삼세에 가득하신 일체 존귀한 가르침에
한결같은 마음으로 정례하옵니다.

一心頂禮 盡十方三世 一切賢聖僧
(일심정례 진시방삼세 일체현성승)

시방삼세에 가득하신 일체 현성의 승가에게
한결같은 마음으로 정례하옵니다.

我弟子等 說戒布薩 唯願三寶 爲作證明
(아제자등 설계포살 유원삼보 위작증명)

저희 제자들에게 계를 설하는 율의를
삼보께서 증명해 주시기를 오직 원하옵니다.

거향찬 舉香讚
願此妙香雲 遍滿十方界 一一諸佛土 無量香莊嚴
(원차묘향운 변만시방계 일일제불토 무량향장엄)
具足菩薩道 成就如來香 南無香雲蓋菩薩摩訶薩
(구족보살도 성취여래향 나무향운개보살마하살)
南無梵網敎主盧舍那佛(나무범망교주노사나불)

원하오니, 이 묘한 향의 구름
시방세계에 널리 가득하여,

하나하나 모든 부처님의 국토에
한량없는 향으로 장엄하고,
보살도를 구족하여
여래의 향을 성취하게 하소서.
나무 향운개보살 마하살.
나무 범망교주 노사나불.

개경게 開經偈

無上甚深 微妙法 百千萬劫 難遭遇
(무상심심미묘법 백천만겁 난조우)
我今聞見 得受持 願解如來 眞實意
(아금문견 득수지 원해여래 진실의)

위없고 매우 깊은 미묘한 가르침
백 천만 겁이 지나도록 만나기 어려운데,
저희들이 지금 듣고 보고 받아 지니니
여래의 진실한 뜻 이해하기를 원합니다.

제명 ‖ 『보살계본지범요기(菩薩戒本持犯要記)』

 보살(菩薩)은 보리살타(菩提薩埵)의 준말이며, 이는 범어 'Bodhi-sattva'의 음역어이다. 한문으로 '각유정(覺有情)'이라고 번역한다. 보리(Bodhi)는 깨달음[覺]을 뜻하고, 살타(sattva:사트바)는 교화할 바의 중생을 뜻한다. '보살[覺有情]'은 출가사문과 재가불자를 포함하여 '상구보리 하화중생'을 실현하기 위해 정진하는 모든 수행자를 말한다.
 계(戒)는 부처님이 말씀하신 청정한 삼업이며, 불자로서 당연히 지녀야 할 윤리적 행위를 말한다. 계에는 출가자가 지녀야 할 「소승계」, 재가자가 지녀야 할 「재가계」, 출가사문과 재가불자를 포함한 대승보살이 지녀야 할 「보살계」가 있다. 『보살계본지범요기』는 『유가사지론』의 「달마계본」인 「재가계」와 『범망경』의 「다라계본」인 「보살계」를 비교하며 설하였다.

「보살계」는 일반적으로 '보살이 몸과 입과 마음으로 지녀야 할 정업(正業)'이지만, 『보살계본지범요기』에 의해 정의하면, **'보살계는 보살이 지녀야 할 계정혜의 정업'**이다. 그러므로 깨달음을 증명하는 기준으로 삼을 수 있다는 점에서도 매우 중요하다.

본(本)은 보살계의 목록을 엮은 책을 일컫는다. **지범**(持犯)은 계를 지님과 범함을 말한다. **요기**(要記)는 요점을 모아서 그 차별을 해설했다는 뜻이다. 『보살계본지범요기』는 보살계본의 지님과 범함에 대한 요점을 모아서 그 차별을 해설한 논서이다. 이 책은 「대의」와 3문과 「유통게」로 구성되었다.

「대의」에서 "보살계는 흐름을 되돌려 근원으로 돌아가는 큰 나루요, 삿됨을 버리고 바름으로 나아가는 긴요한 문이다."라고 하였다.

보살계의 요점인 3문은 「죄가 가벼움과 죄가 무거움을 논한 경중문(輕重門)」, 「계를 지님과 범함에 대한 이해의 얕음과 깊음을 논한 천심문(淺深門)」, 「구경의 경지에서 지님과 범함을 밝힌 명구경지범문(明究竟持犯

門)」이다.

「**유통게**」에서 다음과 같이 설하였다.
성전을 우러러 의지하여 분명한 뜻의 글로,
계율장을 대략 서술하여 긴요한 문을 열고,
널리 법계를 위하여 한 등불을 밝혔으니,
바라건대, 전등을 써서 시방에 두루 하여,
사구(四句)로 **삼취**(三聚)의 계율이 원만해지고,
육의(六意)로 **오수**(五修)가 갖추어지게 되어,
이변(二邊)을 멀리 여의고 모든 죄를 소멸하여,
평등하게 한 맛을 맛보아 방외에 노니소서.

일러두기 II

1. 『보살계본지범요기』의 저본(底本)은 『한국불교전서』 제1책(동국대학교출판부, 1979.)에 수록된 것이다.

2. 문단을 나누고 제목을 붙인 것은 글의 뜻을 한 눈에 파악할 수 있도록 임의로 분과한 것이다.

3. 〖요기〗는 원문이며, 한글 토를 달고 파란 글씨로 번역하였으며, 문장을 끊어 읽기 쉽도록 번역하였다.

4. [ ] 표는 글에서 생략되거나 뜻이 잘 통하지 않는 부분을 보충하여 이해하기 쉽도록 한 것이다.

5. 원문에 ① ② ③ 등으로 번호를 매긴 것은 그에 따라 원문의 해설을 보기 쉽도록 한 것이다.

6. 〖한자〗의 표기는 원문의 글 중에 어려운 한자를 풀이하고, 중요한 용어에 해설을 부기한 것이다.

7. 〖해설〗은 원문의 해설, 원문과 관련된 자료 및 필자의 견해를 서술한 것이다.

보살계본지범요기
菩薩戒本持犯要記

新羅國 沙門 元曉 述
백송 정목 분과 역해

〖해설〗『보살계본지범요기』의 구성

『보살계본지범요기』는 「대의(大意)」 곧 보살계를 설하는 큰 뜻과 3문인 경중문(輕重門)·천심문(淺深門)·명구경지범문(明究竟持犯門) 그리고 「유통게(流通偈)」로 구성되었다.

「보살계를 설하는 큰 뜻」 ||

보살계는
흐름을 되돌려 근원으로 돌아가는 큰 나루요,
삿됨을 버리고 바름으로 나아가는 긴요한 문이다.

그러하지만
삿됨과 바름의 양상은 혼동하기가 쉽고,
죄가 되고 복이 되는 성질은 분별하기가 어렵다.
왜냐하면, 어떤 사람은
속뜻은 실제로 삿되지만,
바깥의 행적은 바른 것 같다.
어떤 사람은
밖으로 드러나는 행위는 물든 것 같으나,
속마음은 순박하고 깨끗할 수 있다.

어떤 사람은 행위를 지음에 있어서
적은 복에는 들어맞겠지만
큰 근심거리에 이를 수 있다.
어떤 사람은 마음의 작용에 있어서
깊고 먼 것을 따른다고 하지만
얕고 가까운 것을 어길 수 있다.

이러한 때문에
전예도인과 극사사문은
오랫동안 흉내 내는 행적을 제멋대로 하여
진실하고 바른 것을 잃어버리고,
언제나 깊은 계를 깎아내리며
얄팍한 행위를 구한다.

이제 장차
얄팍한 행위를 버리고 깊은 계를 온전하게 하며,
흉내 내는 행적을 버리고 진실을 따라야 하겠다.

스스로 문득 잊어버릴 것을 염려하여
요점을 모아서 차별한 것을 해설하였으니,
뜻을 같이하는 자라면
자세히 보고 취하여 결단하기를 바란다.

「보살계를 설하는 큰 뜻」 ‖ 〖해설〗

〖해설〗 큰 뜻의 구성

 원효의 논서들에서 보이는 특징 중에 하나는 논서의 서문 격에 해당하는 첫머리에 그 논서를 서술하는 「대의(大意)」를 쓴 것이다. 『보살계본지범요기』 또한 「대의」를 서술하였는데, 곧 보살계를 설하는 큰 뜻으로 이 논서를 저술한 의취를 밝힌 것이다. 대의는 5문단으로 구성되어 있다.
 제1문단은 '보살계를 설하는 근본'을 밝혔다. 제2문단은 '일반적인 행위의 양상'에 대해 예를 들어 보였다. 제3문단은 '전예도인과 극사사문의 범계행위'를 들어 보였다. 제4문단은 전예도인과 극사사문에게 지계를 권하였다. 제5문단은 모든 수행자에게 본서의 뜻을 같이하여 결단하기를 권하였다.

〖요기〗 ① 보살계를 설하는 근본

菩薩戒者 返流歸源之大津 去邪就正之要門也
(보살계자 반류귀원지대진 거사취정지요문야)

〖한자〗 菩/보살 보. 薩/보살 살. 戒/경계할 계. 返/되돌릴 반.
津/나루 진. 去/버릴 거. 邪/삿될 사. 바르지 않다. 就/나아갈 취.
要/구할 요. 긴요하다.

① 보살계는 [생사의] 흐름을 되돌려
[일심의] 근원으로 돌아가는 큰 나루요,
삿됨을 버리고 바름으로 나아가는 긴요한 문이다.

〖해설〗 ① 보살계를 설하는 근본

▷**보살계** : 보살이 몸과 입과 마음으로 지녀야 할 정업(正業)이며, 보살이 지녀야 할 계정혜의 정업이다.

▷**흐름을 되돌려 근원으로** : '흐름을 되돌린다.'는 것은 '윤회하는 생사의 흐름을 끊어버리는 것'이고, '근원'이란 일심의 근원을 말한다. 일심의 근원에 돌아가는 것을 '대각(大覺)'이라 말하니, 이는 대승의 열반, 완전한 정토, 불교의 모든 교학과 수행이 지향하는 목적이다. 『보살계본지범요기』를 설하는 큰 뜻도 그러하니, 곧 보살계를 설하는 근본이다.

▷**나루와 문** : 나루와 문은 정지된 상태가 아니라, 지계바

라밀을 실천하는 역동적인 행위를 말한다.

〖요기〗 ② 일반적인 행위의 양상

然 邪正之相易濫 罪福之性難分

(연 사정지상이람 죄복지성란분)

〖한자〗 然/그러할 연. 그러나.
　　　※상(相)은 양상(樣相) : 사물이나 현상의 모양이나 상태.
　　　濫/퍼질 람. 함부로. 뒤섞이다. 難/어려울 난.
　　　※람(濫)은 혼동(混同)과 같은 의미로 (구별하지 못하고) 뒤섞어 보거나 잘못 판단함의 뜻이다.

② 그러하지만
삿됨과 바름의 양상은 혼동하기가 쉽고,
죄가 되고 복이 되는 성질은 분별하기가 어렵다.

何則 或 內意實邪 而外迹似正

(하즉 혹 내의실사 이외적사정)

〖한자〗 則/㉮ 곧 즉(即). ~하면. ㉯ 법 칙.
　　　或/혹 혹. 혹은. 어떤 사람. 어떤 경우.
　　　迹/자취 적. 행적. 似/비슷할 사. 흉내 내다.

왜냐하면, 어떤 사람은
속뜻은 실제로 삿되지만,
바깥의 행적은 바른 것 같다.

或 表業同染 而中心淳淨

(혹 표업동염 이중심순정)

〖한자〗表/겉 표. 드러나다. 業/행할 업. 삼업의 행위.
同/같을 동. 동일하다. 같이하다. 染/물들 염.
中/가운데 중. 안. 속. 淳/순박할 순.

어떤 사람은
밖으로 드러나는 행위는 물든 것 같으나,
속마음은 순박하고 깨끗할 수 있다.

或 有作業 合少福 而致大患

(혹 유작업 합소복 이치대환)

〖한자〗合/합할 합. 여럿이 합하다. 들어맞다.
患/근심 환. 근심. 재난.

어떤 사람은 행위를 지음에 있어서
적은 복에는 들어맞겠지만
큰 근심거리에 이를 수 있다.

或 有心行 順深遠 而違淺近

(혹 유심행 순심원 이위천근)

〖한자〗※심행(心行) : 마음작용. 마음 씀. 深/깊을 심. 심하다.
遠/멀 원. 違/어길 위. 위배하다. 淺/얕을 천. 얄팍하다. 近/가까울 근.

어떤 사람은 마음의 작용에 있어서
깊고 먼 것을 따른다고 하지만
얕고 가까운 것을 어길 수 있다.

〖해설〗 ② 일반적인 행위의 양상

②의 글은 모든 사람들의 '일반적인 행위의 양상'을 총체적으로 밝힌 것이고, 아래의 4문단은 그 예를 들어 보인 것이다.

〖요기〗 ③ 전예도인 · 극사사문

是以 專穢道人 剋私沙門

(시이 전예도인 극사사문)

長專似迹 以亡眞正 每剋深戒 而求淺行

(장전사적 이망진정 매극심계 이구천행)

〖한자〗 以/㉮ 써 이. ~으로써. ㉯ 까닭. 때문에. 이유.
　　　專/㉮ 오로지 전. ㉯ 마음대로. 제멋대로.
　　　※전행(專行) : 제 마음대로(제멋대로) 함.
　　　※전횡(專橫) : 권세를 독차지 하여 제 마음대로 함.
　　　穢/더러울 예. 더럽히다. 剋/이길 극. 깎다. 깎아내리다.
　　　私/사사로울 사. 개인의 이익을 위해 도모하다.
　　　長/길 장. 길이(긴 세월이 지나도록). 每/매양 매. 늘. 언제나. 번번히.
　　　※사적(似迹) : 흉내 내는 행적. 亡/망할 망. 없애다. 잃다.
　　　淺/얕을 천. 얄팍하다(생각이 깊지 않고 속이 들여다보이다).

③ 이러한 때문에
전예도인과 극사사문은,
오랫동안 흉내 내는 행적을 제멋대로 하여
진실하고 바른 것을 잃어버리고,
언제나 깊은 계를 깎아내리며
얄팍한 행위를 구한다.

〖해설〗 ③ 전예도인 · 극사사문
▷ **전예도인(專穢道人)** : '제멋대로 하여 더럽혀진 도인'이라고 번역하였다. '전(專)' 자가 두 곳에서 같은 뜻으로 사용되려면 "제멋대로 하여 더럽혀진 도인"이라고 번역하는 것이 적합하겠다. 글의 뜻과 전체 흐름을 보아도 그렇다. 전예도인은 '오랫동안 불도를 흉내 내는 행적을 제멋대로 하여 진실하고 바른 것을 잃어버린 도인'을 말한다. 재가불자 중에 범계행위가 극심하여 죄가 무거운 사람이다.
▷ **도인(道人)** : 불교에 귀의하여 불도를 닦는 사람. 여기서는 불교에 귀의하여 수행하는 사람 중에 '재가불자(在家佛子)'를 말한다.
▷ **전사적(專似迹)** : 흉내 내는 행적을 제멋대로 하다. '제멋대로 하다'에는 계정혜의 가르침을 제멋대로 해석하

고 제멋대로 행하는 것을 말한다. 아래 본문의 글에서 그와 같은 뜻을 자세하게 해설하였다.

▷ **극사사문(剋私沙門)** : '깎아내리며 사사로운 사문'이라고 번역하였다. '극(剋)' 자가 두 곳에서 같은 뜻으로 사용되려면 '깎아내리며 사사로운 사문'이라고 번역하는 것이 적합하겠다. 글의 뜻과 전체 흐름을 보아도 그렇다. 극사사문은 '언제나 깊은 계를 깎아내리며 얄팍한 행위를 구하는 사문'을 말한다. 출가사문 중에 범계행위가 극심하여 죄가 무거운 사문이다.

▷ **사문(沙門)** : 팔리어 'samaṇa'의 음역어이며, 출가하여 비구계·비구니계를 수계하고 불도를 수행하는 사람, 곧 스님들을 말한다.

▷ **극심계(剋深戒)** : 깊은 계를 깎아내리다. '깎아내리다'는 '헐뜯어서 그 가치에 해를 입힌다.'는 뜻으로 계정혜의 가르침에서 깊은 뜻의 가치를 깎아내리는 것을 말한다. 아래 본문의 글에서 그와 같은 뜻을 자세히 해설하였다.

〖요기〗 ④ 전예도인·극사사문에게 지계를 권함

今將 遣淺事而全深 去似迹而逐實

(금장 견천사이전심 거사적이축실)

〖한자〗將/㉮ 장차 장. ㉯ 장수 장. 遣/보낼 견. 내쫓아버리다.
　　　去/갈 거. 버리다. 逐/쫓을 축. 뒤쫓아 가다. 따르다. ※遂/이를 수.

④ 이제 장차
얕팍한 행위를 버리고 깊은 계를 온전하게 하며,
흉내 내는 행적을 버리고 진실을 따라야 하겠다.

〖해설〗 ④ 전예도인·극사사문에게 지계를 권함
　앞의 글은 '극사사문'에게 지계를 권하는 것이고, 뒤의 글은 '전예도인'에게 지계를 권한 것이다.

〖요기〗 ⑤ 뜻을 같이하여 결단하기를 권함
爲自忽忘 攝要記別 幸同趣者 詳而取決矣
(위자홀망 촬요기별 행동취자 상이취결의)

〖한자〗 爲/㉮ 할 위. 위할 위. 이루다. 만들다. 생각하다.
　　　　㉯ 삼다(무엇을 무엇으로 가정하다)
　　　忽/㉮ 소홀히 할 홀. ㉯ 갑자기. 문득.
　　　攝/모을 촬. 요점을 취하다. 記/기록할 기.
　　　※여기의 기(記)는 주해(註解 : 본문의 뜻을 알기 쉽게 풀이함)이다.
　　　別/나눌 별. 분별하다. 차별. 구별. 幸/다행 행. 행복. 다행히. 바라다.
　　　趣/나아갈 취. 뜻 취.
　　　取/취할 취. 대책을 세우거나 태도를 가지게 되다. 가지다.
　　　決/터질 결. 결정하다. (시비, 선악을)결단하다.

⑤ 스스로 문득 잊어버릴 것을 염려하여,
요점을 모아서 차별한 것을 해설하였으니,
뜻을 같이하는 자라면

자세히 보고 취하여 결단하기를 바란다.

〖해설〗 ⑤『요기』의 뜻을 같이하여 결단하기를 권함
▷'보살계를 설하는 큰 뜻'을 맺으면서, 『보살계본지범요기』의 뜻을 같이하는 자라면 자세히 보고 지녀서 실천할 것을 결단하자고 권하였다. 이는 원효의 철저한 계율정신을 밝히고 함께하기를 권한 것이다.
▷**촬요기별(撮要記別)** : '요점을 모으고 차별한 것을 해설하다'라는 뜻으로, 이 논서를 저술한 뜻이 온전히 들어 있다. 이 글을 줄여서 「要記」라고 하였으니, '요점과 해설'이다. 기(記)는 주해(註解)라는 뜻이니, 경론·어록 등의 본문의 뜻을 알기 쉽게 풀이한 것을 가리킨다.

본 론

제1 경중문
　　죄가 가벼움과 죄가 무거움

제2 천심문
　　지님과 범함에 대한 이해의 얕음과 깊음

제3 명구경지범문
　　구경의 경지에서 지님과 범함을 밝힘

본론 II

〖요기〗『보살계본지범요기』의 3문을 밝힘

持犯之要 有三門 一 輕重門 二 淺深門
(지범지요 유삼문 일 경중문 이 천심문)
三 明究竟持犯門也(삼 명구경지범문야)

〖한자〗持/가질 지. 몸에 지니다. 犯/어길 범. 법을 어기다. 계를 어김.
輕/가벼울 경. 重/무거울 중. 究/궁구할 구. 끝. 다하다.
竟/다할 경. 끝나다.
※구경(究竟) : 마침내. 끝. 궁극적. 구경의 경지.

[보살계를] 지님과 범함의 요점에는 3문이 있다.
첫째는 죄가 가벼움과 죄가 무거움의 문,
둘째는 [지님과 범함에 대한 이해의] 얕음과 깊음의 문,
셋째는 구경의 [경지에서] 지님과 범함을 밝힌 문이다.

〖해설〗 경중문 · 천심문 · 명구경지범문

▷**경중문(輕重門)** : 죄가 가벼움과 죄가 무거움의 문. 또는 죄가 가벼운 계[輕戒]와 죄가 무거운 계[重戒]의 문이다.

▷**천심문(淺深門)** : 계를 지님과 범함에 대한 이해의 얕음과 깊음의 문이다.

▷**명구경지범문(明究竟持犯門)** : 구경의 경지에서 지님과 범함을 밝힌 문이다. '구경의 경지'는 사리(事理)를 끝까지 추구한 경지를 말한다.

제1 경중문
죄가 가벼움과 죄가 무거움

〖요기〗 총판경중 · 별현차별

初門之內 有其二句 先卽總判輕重 後以別顯差別

(초문지내 유기이구 선즉총판경중 후이별현차별)

〖한자〗 總/거느릴 총. 모아서 묶다. 총체적으로.
　　　　判/판단할 판. 판별하다. 別/나눌 별. 분별하다. 차별. 각각(하나씩).
　　　　※차별(差別) : 등급을 정하다.

제1문의 안에 두 구절이 있다. 앞에는 죄가
가벼움과 무거움을 총괄적으로 판별하였다.
뒤에는 [계의] 차별을 하나씩 밝혔다.

〖해설〗 제1 경중문
▷ **경중문(輕重門)** : 죄가 가벼움과 죄가 무거움의 문

이다.

▷ **죄의 뜻** : 죄(罪)는 허물이라는 뜻인데, 다음과 같이 경우에 따라 해석을 달리한다. ① 양심이나 도의에 벗어난 행위나 실수. ② 법률에 위반되어 처벌을 면치 못하는 불법 행위. ③ 도리에 거슬리어 괴로움의 과보를 부르는 나쁜 행위. ④ **「보살계」에서는 '자신과 남의 몸과 마음을 더럽히는 행위'를 말한다.**

▷ **총판경중(總判輕重)** : 죄가 가벼움과 무거움의 뜻과 유형을 전체적으로 묶어서 판단하고 구별한 것을 말한다.

▷ **별현차별(別顯差別)** : 죄의 성질과 양상을 차별하여 하나씩 밝힌 것을 말한다.

제1장 계를 총괄적으로 판별함

제1절 죄가 가벼움을 총괄적으로 판별함

〖요기〗 죄가 가벼운 계본의 종류

言總判者 輕垢罪中 細論支別 頭數 乃有八萬四千

(언총판자 경구죄중 세론지별 두수 내유팔만사천)
括擧其要 別有三類(괄거기요 별유삼류)

〖한자〗 垢/때 구. 티끌. 더러운 물질. 더럽히다.

총괄적으로 판별한 것을 말해보겠다.
[몸과 마음을] 더럽히는 죄가 가벼움 중에
갈래로 나눈 것을 세분하여 논하면,
계목의 수만도 이에 팔만사천이나 된다.
그 요점을 묶어 들어, 나누면 세 종류가 있다.

〖해설〗 경구죄
▷ **경구죄(輕垢罪)** : [몸과 마음을] 더럽히는 죄가 가벼움.
▷ **허물의 뜻** : 구(垢)와 죄(罪)는 둘 다 '허물'이라고 번역한다. 죄(罪)는 '계를 범하는 허물'을 뜻하고, 구(垢)는 '살갗에서 일어나는 꺼풀', 또는 '더럽히다[동사]'라는 뜻이다.

〖요기〗 44계 · 48계 · 246계
① 或 四十四 如達摩戒本所說
　(혹 사십사 여달마계본소설)
② 或 四十八 如多羅戒本所判

(혹 사십팔 여다라계본소판)

③ 或 有二百四十六輕(혹 유이백사십육경)

　 如別解脫戒經所立(여별해탈계경소립)

　 此第二中 有共不共 共不共相 依文可解

　 (차제이중 유공불공 공불공상 의문가해)

〖한자〗如/같을 여. 만약. 따르다.
　　※두수(頭數) : 머리말 수(계목).
　　括/묶을 괄. 여럿을 한 체계로 합치다. 擧/들 거.
　　立/설 립. 세우다. 정하다.

① 44계로「달마계본」에서 설한 것과 같다.
② 48계로「다라계본」에서 판별한 것과 같다.
③ 246경계로『별해탈계경』에서 세운 것과 같다.

여기의 두 번째「다라계본」중에는
공통되는 것과 공통되지 않은 것이 있다.
공통되는 것과 공통되지 않은 양상은
글에 의해 알 수 있을 것이다.

〖해설〗「달마계본」·「다라계본」·『별해탈계경』
①「달마계본(達摩戒本)」:『유가사지론』본지분(本地分)의
　「보살지초지유가처계품」에 해당하는「보살계본」이다.
　44가지 계목으로 이 계본은「대승계」이지만 무거운 계

[4바라이죄] 및 가벼운 계를 살펴보면 재가자를 중심으로 설해진 「재가계」이다.

② 「다라계본(多羅戒本)」: 『범망경(梵網經)』하권 정종분의 「범망경노사나불설보살심지계품」의 48가지 가벼운 계. '다라'는 범어 'Sutra(修多羅)'의 준말이며 경전을 뜻한다. 이 계본은 출가자와 재가자를 포함한 「보살계」이다.

③ 『별해탈계경(別解脫戒經)』: 이는 출가자가 지켜야 할 250가지 「구족계」 중에 4가지 무거운 계[살생, 절도, 음사, 망어]를 제외한 246계. 『별해탈계경』이란, 몸과 입과 뜻으로 짓는 악업을 한 가지만 청정한 계율로 수행하여도 해탈에 이르게 된다는 뜻이다. 이 계본은 출가자에게만 해당되는 『비구계본』이며 「소승계」이다.

제2절 죄가 무거움을 총괄적으로 판별함

〖요기〗 십중계
重戒之中 總說有十(중계지중 총설유십)

[몸과 마음을 더럽히는] 죄가 무거운 계[중계] 안에 총괄적으로 말하면 10가지[십중계]가 있다.

〚해설〛『범망경』의 십중계 [열 가지 죄가 무거운 계]

제1계 不殺戒(불살계) 생명을 죽이지 말라.

제2계 偸盜戒(투도계) 절도를 행하지 말라.

제3계 不婬戒(불음계) 음사를 행하지 말라.

제4계 妄語戒(망어계) 거짓을 말하지 말라.

제5계 酤酒戒(고주계) 음주를 권하지 말라.

제6계 意心說同法人過戒(의심설동법인과계)

　　　의심하여 동법인의 허물을 말하지 말라.

제7계 自讚毁他戒(자찬훼타계)

　　　자신을 칭찬하면서 남을 훼손하지 말라.

제8계 慳惜加毁戒(간석가훼계)

　　　인색하며 오히려 남을 훼손하지 말라.

제9계 瞋打結恨戒(진타결한계)

　　　성내면서 공격하여 원한을 맺지 말라.

제10계 謗三寶戒(방삼보계)

　　　부처님과 법과 승가를 비방하지 말라.

〚요기〛 십중계의 차별

論其類別 亦有三種(논기유별 역유삼종)

① 或 有共小之重 謂前四也(혹 유공소지중 위전사야)

② 或 有不共之重 謂後四也(혹 유불공지중 위후사야)

③ 或 立在家菩薩六重(혹 입재가보살육중)
　 謂十重內 在前六也(위십중내 재전육야)
　 此中合有 共與不共(차중합유 공여불공)

[십중계의] 유형의 차별을 논하면, 또 세 종류가 있다.
① 혹은 소승과 공통되는 [죄가] 무거운 계가 있으니,
　 앞의 4계를 일컫는다.
② 혹은 [소승과] 공통되지 않는 무거운 계가 있으니,
　 뒤의 4계를 일컫는다.
③ 혹은 재가보살의 6가지 중계를 세운 것인데,
　 10가지 중계 가운데 앞에 있는 6가지를 일컫는다.
　 이 가운데는 [소승과]
　 공통되는 것과 공통되지 않은 것이 합해져 있다.

〖해설〗 세 계본이 공통되고 공통되지 않는 관계
① **제1계부터 제4계까지**는 『별해탈계경』에서 설한 「소승계」의 「4가지 무거운 계」이며, '4바라이죄'라고 일컫는다. 바라이죄[범어 Pārājika의 음역]는 '극악', '단두(斷頭)'라고 번역한다.
② **제7계부터 제10계까지**는 『유가사지론』에서 설한 「달마계본」인 「재가계」의 「4가지 무거운 계」이며, 「소승계」와

크게 다름을 알 수 있다. 그러나 살생, 절도, 음사, 거짓말은 사회적으로도 범죄행위에 해당하므로 당연히 지켜야 할 계이니, 따라서 4계(1~4)를 재가의 무거운 계에서 제외한 것으로 본다.
③ **제1계부터 제6계까지**는 『우바새계경』에서 설한 「재가계」의 「6가지 무거운 계」이며, 제4계까지는 소승계와 공통된다.

〖요기〗 죄가 가벼움과 무거움의 뜻과 유형
總判 輕重義類 如是(총판 경중의류 여시)

죄가 가벼움과 무거움의 뜻과 유형을
총괄적으로 판별한 것은 이와 같다.

〖해설〗 **죄가 가벼움과 죄가 무거움의 뜻과 유형**
앞에서 경구죄(輕垢罪)를 '몸과 마음을 더럽히는 죄가 가벼움'이라고 번역하였다. 그러므로 **'죄가 가벼움과 죄가 무거움의 뜻'**이란 '몸과 마음을 더럽히는 죄의 무게가 가벼움과 무거움'을 말하는 것이다. 죄는 자신과 남에게 영향을 끼친다. 그러므로 「보살계」 및 불교적 의미에서 죄의 뜻은 '자신과 남의 몸과 마음을 더럽히는 행위다.' 또, **죄**

가 가벼움과 무거움의 유형이란 위에서 설명한 '여러 가지 계본의 종류'를 말한다.

제2장 계의 차별을 하나씩 밝힘

〖요기〗『달마계본』에 의한 차별
若明差別者 今依達摩戒本 辨其性相差別
(약명차별자 금의달마계본 판기성상차별)
文言 於有違犯 及無違犯 是染非染 耎中上品 應當了知
(문언 어유위범 급무위범 시염비염 연중상품 응당요지)
〖한자〗 耎/가냘플 연. 약하다. 해(下)의 뜻과 같다.

[보살계의] 차별을 [하나씩] 밝힌다면,
지금은『달마계본』에 의해
그 [죄의] 성질과 양상의 차별을 판단할 것이다.
글에서 말씀하셨다.
"어겨서 범함이 있음과 어겨서 범함이 없음,
물듦과 물들지 않음, 하품·중품·상품에 대하여
마땅히 분명하게 알아야 한다."

〖해설〗 계의 차별을 하나씩 밝힘

▷ **명차별(明差別)** : 앞글의 '후이현차별(後以顯差別)'을 이은 것이니, '뒤에 계의 차별을 하나씩 밝힌다.'는 뜻이다. '차별'이란 '죄가 가벼움과 죄가 무거움에 있어서 죄의 성질과 양상을 나눈 것'이다. '하나씩 밝힘'이란 차별한 것에 대하여 '범함이 있음과 없음, 물듦과 물들지 않음, 죄의 무게에 따라 상·중·하품으로 밝힌 것'이다.

▷ **유위범(有違犯)** : '어겨서 범함이 있음'이란 '죄의 뜻을 분명히 하는 것'이며, 뒷글에는 모두 '유범(有犯)'이라고 썼다.

제1절 계를 범함이 있음과 범함이 없음

〖요기〗 계를 범함이 있음과 범함이 없음
欲悲雖所作業同 有犯無犯異
(욕비수소작업동 유범무범이)
言有犯者 謂由四因 所犯諸事
(언유범자 위유사인 소범제사)
言無犯者 謂由三緣 所作諸事
(언무범자 위유삼연 소작제사)

〖한자〗 由/말미암을 유. 인연하다. 따르다. 원인. 까닭.
　　　　事/일 사. 현상. 사건(故). 緣/연줄 연. 연유하다. 조건.
　　　　※조건(條件) : 어떤 사물이 성립되거나
　　　　　　　　　　　성립되지 못하게 하기 위해 갖추어야 할 상태나 요소.

욕심과 사랑은 비록 짓는 바의 행위는 같더라도
범함이 있음과 범함이 없음으로 다른 것이다.
범함이 있음이라고 말하는 것은,
네 가지 원인을 말미암아
범하는 바의 모든 일들을 말한다.
범함이 없음이라고 말하는 것은,
세 가지 조건을 말미암아
행하는 바의 모든 일들을 말한다.

1. 계를 범함이 없는 경우

〖요기〗 계를 범함이 없는 경우
三緣是何(삼연시하)
① 謂若彼心 增上狂亂(위약피심 증상광란)
② 若重苦受 之所逼切(약중고수 지소핍절)
③ 若未曾受 淨戒律儀(약미증수 정계율의)
此三無犯 通一切戒(차삼무범 통일체계)

別論無犯 如文廣說(별론무범 여문광설)

〖한자〗 ※증상(增上) : 점차 더하여 감. 若/같을 약. 만일. 혹은.
　　　逼/닥칠 핍. 황급하다. 切/㉮ 끊을 절. ㉯ 모두 체. ㉰ 다가올 절.
　　※핍절(逼切) : 급하게 다가오다.
　　※율의(律儀) : 악행을 그치고 선행을 닦겠다고 맹세하는 수계의식.

[범함이 없는] 세 가지 조건이란 어떤 것인가?
① 만약 저 마음이 미쳐서 혼란을 점차 더하거나,
② 만약 심한 괴로움이 급하게 다가옴을 당하거나,
③ 만약 정계의 율의를 일찍이 받지 않은 경우를 말하는 것이다.
　이 셋은 범함이 없으며, 일체의 계율에 다 통한다.
　범함이 없음을 하나씩 논한 것은
　글『유가사지론』에서 자세히 설명한 것과 같다.

〖해설〗 범함이 없는 세 가지 조건
①**정신적인 장애** : 글에서 증상(增上)은 증상만(增上慢)과 다르다. '증상만'은 '범함이 있음'에 해당하기 때문이다. '저 마음이 미쳐서 혼란함을 점차 더하는 경우'는 정신분열증, 신경쇠약, 사이코패스 등, 정신적인 질환을 앓고 있는 사람이 죄를 짓는 일을 두고 말한 것이다.
　사이코패스(Psychopath) : 「반사회적 인격장애증을 앓고 있는 사람을 가리킨다. 평소에는 정신병질이 내부에

잠재되어 있다가 범행을 통하여서만 밖으로 드러나기 때문에 주변 사람들이 알아차리지 못하는 것이 특징이다.」『두산백과사전』

② **육체적인 위험** : 육체적으로 생명이 위태로운 위험에 처했을 때 불가피하게 죄를 짓게 되는 경우는 범함이 없다고 말하는 것이다.

③ **미수계자 범계** : 글에서 '정계의 수계의식을 일찍이 받지 않은 경우'는 청정한 계율의 수계의식을 받지 않은 사람이 만약 정한 계율에 어긋나는 행을 저질렀다면, 죄로 인해 자신의 몸과 마음을 더럽힐 수는 있지만 '계를 범했다' '파계자다'라고 말할 수는 없다는 것이다. 바꾸어 말하면 '지녀야 할 계가 없으면 파계도 없다.'는 뜻이다.

그렇다면 원효는 깨달음을 얻고 환속의 과정을 거쳐 혼인을 했다면, 그것을 '파계'라고 말할 수 있겠는가? 그가 남긴 저술들 중에 계율에 관한 저술이 많다는 점,『보살계본지범요기』를 저술한 각오가 특별하다는 점, 이들을 면밀하게 살펴보고, 성사의 진실과 인격에 반하는 말을 함부로 하여 구업의 죄를 짓지 말아야 할 것이다.

▷ **범함이 없는 세 가지 조건의 지혜** : 현대사회는 지금도 여전히 위와 같은 문제로 논쟁거리가 되거나 재판의 기

준에 의문을 제기하기도 한다. 그런데 불교는 이미 2천여 년 전에도 이런 문제에 깊은 관심을 가지고 지혜를 발휘했고, 원효는 다시 자세하게 해설하는 자비를 베푼 것이다.

2. 계를 범함이 있는 경우

〖요기〗 계를 범함이 있는 경우
於有犯中 有其二聚 重內應知 耎中上品
(어유범중 유기이취 중내응지 연중상품)
輕中當識 是染非染(경중당식 시염비염)

계를 범함이 있는 안에 두 무리가 있다.
죄가 무거움 안에
하품·중품·상품을 마땅히 알아야 한다.
죄가 가벼움 안에
물듦과 물들지 않음이 있음을 마땅히 알아야 한다.

〖해설〗 죄가 무거움 · 죄가 가벼움
▷ **죄가 무거움** : 몸과 마음을 더럽히는 허물이 무거움.

'더럽힌다'는 것은 세속적인 번뇌와 죄의식뿐만 아니라, 인과와 연기와 중도와 일심법 등 진리를 이해하는 데에 장애가 심한 마음작용을 포함한다. 허물이 무거움 중에도 다시 상품·중품·하품이 있다.

▷ **죄가 가벼움** : 몸과 마음을 더럽히는 허물이 가벼움. 허물이 가벼움 중에도 신심을 탁하게 물들이는 경우가 있고, 물들이지 않는 경우가 있다.

▷ **뛰어난 종교의 심리학** : 계를 범하여 허물을 짓게 된 경우에도 이와 같이 분석하고, 치유의 지혜를 제시하여 몸과 마음을 청정으로 인도하는 『보살계본지범요기』는 실로 뛰어난 종교(宗敎:근본의 가르침)의 심리학이요, 지혜와 자유로 인도하는 수행의 지침서라 할 만하다.

1) 죄가 가벼움의 물듦과 물들지 않음

〖요기〗 ① 무지·방일의 죄는 물들지 않는다.
通而論之 四因中(통이논지 사인중)
若由無知 及由放逸 所犯衆罪 是不染汚
(약유무지 급유방일 소범중죄 시불염오)

〖한자〗 通/통할 통. 두루 통하다. 통틀어.
　　※통설(通說) : 일반에 통하는 언설. 放/놓을 방. 逸/달아날 일.

①
통틀어 논하면, 네 가지 원인 중에
만약 무지로 말미암거나,
방일로 말미암아 범하는 바의 갖가지 죄,
이것은 물들지 않는다.

〖해설〗 ① 무지·방일의 죄는 물들지 않는다.
▷**무지(無知)** : 매사에 사리를 도무지 알지 못함이다. 종교적인 신념이 미약하여 계율에 대한 믿음과 이해가 전혀 없는 상태를 말한다. 이런 사람이 계율에 위배되는 행위를 저질렀다면, 자신의 몸과 마음을 더럽히지는 않으니, 의도적인 행위가 아니기 때문이다. 그러나 다른 사람에게 피해를 입힌다면, 다른 사람은 물들게 되니 반드시 참회해야 한다.
▷**방일(放逸)** : 정신(마음)을 놓아버리고 제멋대로 지냄이다. 종교적인 신행생활에도 관심이 없이 제멋대로 지내는 상태를 말한다. 이런 사람이 계를 범하는 경우에는 무지와 마찬가지로 자신은 물들지 않는다. 그러나 남에게 피해를 입힌다면, 다른 사람은 물들게 되니 반드시 참회해야 한다.
▷**무지와 방일로 범한 죄의 과보**

무지와 방일로 범한 죄는 자신은 물들게 되지 않을지라도 남에게 피해를 입힌다면, 반드시 참회해야 한다. 오늘날 의도적으로 죄를 짓고도 '자신이 무지했다'는 핑계로 죄의 과보를 면해보려고 안간힘을 쓰는 사례를 흔히 볼 수 있다. 그러나 그 마음은 이미 물들게 된다. 또, 무지와 방일로 인한 죄가 자신의 마음을 더럽히지는 않을지라도, 남에게 피해를 주면, 그 과보는 받아야 한다.

〖요기〗 ② 번뇌·경만의 죄는 물든다.
若煩惱盛 及由輕慢 所犯衆罪 是其染汚
(약번뇌성 급유경만 소범중죄 시기염오)
別論染不染者 亦依本文可知
(별론염불염자 역의본문가지)

〖한자〗 煩/괴로워할 번. 괴롭히다. 惱/괴로워할 뇌. 괴롭히다.
盛/담을 성. 채우다. 넘치다. 輕/가벼울 경. 가벼이 하다.
慢/교만할 만. 업신여기다.
※경만(輕慢) : 남을 가벼이 보아 업신여김.

②
만약 번뇌가 치성하거나, 경만으로 말미암아
범하는 바의 갖가지 죄, 이것은 물들게 된다.
물듦과 물들지 않음을 별도로 논한 것은,
또, 본문『유가사지론』에 의해 알 수 있을 것이다.

〖해설〗 ② 번뇌 · 경만의 죄는 물든다.

▷ **번뇌**(煩惱) : 몸과 마음을 괴롭히는 마음의 작용이다. 번뇌의 원인이 인과와 연기의 도리를 분명하게 꿰뚫지 못하는 진리에 대한 무지이던지, 삶의 장애이던지, 그로 말미암아 범하는 바의 갖가지 죄는 자신의 몸과 마음을 더럽힌다. 이는 의도적으로 부인해도 이미 자신의 마음을 물들이게 된다. 또, 그 죄로 피해를 입는 남도 더럽히게 되니, 번뇌로 말미암아 범하는 바의 갖가지 죄는 나와 남을 더럽힌다.

▷ **경만**(輕慢) : 남을 가벼이 보아 업신여김이다. 그로 말미암아 범하는 바의 갖가지 죄는 의도적임을 나와 남이 아는 것이다. 따라서 자신은 아만이 훈습 되어 더럽혀지고, 남은 자존심에 상처를 입게 되어 자책감으로 물들게 된다.

▷ **별도로 논한 것** :『보살계본지범요기』는『유가사지론』의「달마계본」인「재가계」와『범망경』의「다라계본」인「보살계」를 비교하며 해설한다. 그리고 계의 차별을 하나씩 자세히 해설한 것은『유가사지론』에 의하고 있다.

2) 한 번 칭찬하고 훼손하는 계의 차별

〖요기〗 제1계의 차별

凡說雖然 一二論者(범설수연 일이논자)

且就初戒 以示其相 於一讚毁 有四差別

(차취초계 이시기상 어일찬훼 유사차별)

〖한자〗 且/도 차. 잠깐, 우선.
　※초계(初戒):『달마계본』의 중계 중에 처음의 제1계.
　　讚/칭찬할 찬. 찬탄하다. 좋은 점을 드러내 자랑하고 감탄하다.
　　毁/헐 훼. 훼손하다. 깨뜨리다. 헐뜯다. 남을 헐어 말하다.
　※훼손(毁損): 남을 헐뜯어 체면이나 명예를 손상시키다.

[범함이 있음을] 일반적으로 설명하면 비록 그러하지만 한두 가지만 논해보겠다.
우선 제1계[초계]에 나아가 그 양상을 보이고자 한다.
한 번 칭찬하고 훼손하는 데에 네 가지 차별이 있다.

〖해설〗 한 번 칭찬하고 훼손함

▷ **일찬훼(一讚毁)** : '한 번 칭찬하고 훼손함'은 『유가사지론』에서 설한 「달마계본」의 '제1계[初戒]'인 「자찬훼타계(自讚毁他戒)」이다.『보살계본지범요기』는 이 「재가계」를 중심으로 그 차별을 하나씩 해설한다. '자신을 칭찬하면서 남을 훼손하지 말라'는 「자찬훼타계」는 진리의

선양은 뒷전이고 사리사욕을 위해 투쟁이 만연한 이 시대에 가장 필요한 계목이다. 오늘날을 예견한 조사의 지혜가 아닐 수 없다.

〖요기〗 ① 신심을 일으키게 하면 복이 된다.
若爲令彼 起信心故 自讚毁他 是福非犯
(약위령피 기신심고 자찬훼타 시복비범)

①
만약 다른 사람으로 하여금
신심을 일으키게 하려는 마음 때문에,
자신을 칭찬하면서 남을 훼손한다면,
복이 되고 죄를 범하는 것이 아니다.

〖해설〗 ① 신심을 일으키게 하면 복이 된다.
「자신을 칭찬하면서 남을 훼손하는 계」중에 바른 법으로 신심을 일으키게 하기 위하여, 자신의 바름을 칭찬하고 남의 삿된 법을 꾸짖으면, 그것은 전혀 죄가 되지 않고 자신의 마음을 물들이지도 않으며, '오히려 복이 된다.'는 것이다. 예를 들면, 자신이 배운 대로 불교의 교법 안에 인천교, 소승교, 법상교, 파상교, 일심교, 일심정토교가 있음을 강력하게 설득하는 경우가 있다.

또, 불교에서 믿음의 대상은 부처님의 지혜이며, 그것은 성소작지, 묘관찰지, 평등성지, 대원경지라고 알려주는 경우가 있다. 또한, 대승의 유일한 법은 일심이며, 일체 중생이 생사를 벗어나는 길은 염불법에 있음을 경론을 들어 설명하는 경우도 있다.

이러한 경우는 모두 바른 신심을 일으키게 하고, 바른 이해, 바른 실천, 바른 증득으로 인도하는 것이다. 그러므로 자신이 배운 것을 칭찬하면서 남의 그릇된 신행생활을 지적하면, 죄가 되지 않고 오히려 복이 된다는 것이다. 또 상대방은 그 말을 듣고 나쁘게 물들지 않는다.

〖요기〗 ② 방일과 무기심은 물들지 않는다.
若由放逸 無記心故 自讚毀他 是犯非染
(약유방일 무기심고 자찬훼타 시범비염)

②
만약 방일과 무기심으로 말미암은 때문에,
자신을 칭찬하면서 남을 훼손한다면,
죄를 범하지만 물들지는 않는다.

〖해설〗 ② 방일과 무기심은 물들지 않는다.

　방일(放逸)은 정신(마음)을 놓아버리고 제멋대로 지냄이다. 무기심(無記心)은 선도 악도 아닌 마음이다. 이와 같은 방일과 무기심으로 '자신을 칭찬하면서 남을 훼손한다면' 이것은 '남을 헐뜯는 행위'가 되기 때문에 죄가 되며, 그 죄의 과보는 받아야 한다. 그러나 자신이 의도적으로 행한 것이 아니기 때문에 자신의 마음을 나쁘게 물들이지는 않는다.

〖요기〗 ③ 사랑하거나 미워하면 마음이 물든다.
若於他人 有愛恚心 自讚毁他 是染非重
(약어타인 유애에심 자찬훼타 시염비중)

③
만약 다른 사람을
사랑하거나 미워하는 마음이 있어서,
자신을 칭찬하면서 남을 훼손한다면,
물들지만 죄가 무거움은 아니다.

〖해설〗 ③ 사랑하거나 미워하면 마음이 물든다.

　애에심(愛恚心)은 사랑하고 미워하는 마음이다. '사랑하거나 미워하는 마음'은 분별과 집착으로 말미암은 마음이기 때문에, 이러한 마음을 가지고 '자신을 칭찬하면서 남을 훼손한다면' 이것은 자신의 마음을 나쁘게 물들인다. 이러한 경우에 비록 무거운 죄는 아닐지라도 그 죄의 과보는 받아야 한다.

〖요기〗 ④ 이양과 공경을 탐내면 그 죄가 무겁다.
若爲貪求 利養恭敬 自讚毀他 是重非輕
(약위탐구 이양공경 자찬훼타 시중비경)

〖한자〗 이양(利養) : 이익과 공양, 또는 이익(利益)과 양생(養生).
　　※양생(養生) : 몸과 마음을 건강하게 하여 오래 살기를 도모함.

④
만약 이양과 공경을 탐내어 구하기 위해,
자신을 칭찬하면서 남을 훼손한다면,
죄가 무거움이며 가벼움이 아니다.

〖해설〗 ④ 이양과 공경을 탐내면 그 죄가 무겁다.
　'자신의 이익을 구하고, 자신에게 공양하기를 바라고, 자신을 공경하기를 바라는 마음으로 '자신을 칭찬하면서 남을 훼손한다면' 이것은 자신의 마음을 나쁘게 물들일 뿐만 아니라, 죄 중에 가장 무거운 죄가 된다.

【해설】 원효의 경험으로 분석한 「자찬훼타계」

『보살계본지범요기』는 「자찬훼타계」, 즉 「자신을 칭찬하면서 남을 훼손하지 말라」는 계를 「보살계」의 요점으로 설한다. 이 계는 『범망경』의 제7계이며, 『유가사지론』에서 설한 「다라계본」인 「재가계」의 제1계에 해당한다.

필자는 '원효가 왜 이 계를 중심으로 「보살계」를 설할까?'라는 의문의 답을 「고선사서당화상비」에서 생각해보았다. 비문에서 말하기를, '**죽일 것 같은 활이 그를 향하였고, 항하사의 모래알처럼 수많은 이치에 맞지 않는 비난을 하자, [그것을 견디지 못하고] 옛집에 돌아와 거사가 되었다.**'라고 하였기 때문이다. 원효는 이 비극적인 역사적 사건을 경험하고 난 뒤에 「자신을 칭찬하면서 남을 훼손하지 말라」는 계를 정밀하게 분석하여 많은 분량으로 설하고 있는 것이 아닐까라고 생각한다.

▷'**만인의 적'도 견디기 어려웠던 말의 화살** : 말로써 '칭찬하고 훼손하는' 구업은 악의든지 선의든지 그 힘이 막대하다. 상상해보면 지혜로서는 '만인을 상대할 만하다' 하여 '만인의 적(萬人之敵)'이라고 불렀던 원효도 견디기 어려웠던 것이 바로 말의 화살이 아니었을까.

임진왜란 당시에 이순신 장군은 말의 화살로 말미암아 장수의 자리에서 평민으로 떨어졌고, 오늘날도 말의 폐해는 날로 심해지고 있다. 예나 지금이나 말 한마디에 생사가 갈리는 경우가 허다하다.

이러한 때문에 이 책의 전 3문 가운데 제2문을 구업에 해당하는 「자신을 칭찬하면서 남을 훼손하는 계」에 대하여 해설하였다. 여기서 구업의 죄가 얼마나 무거운 죄인지, 또 구업의 지혜는 어떤 것인지를 잘 알 수 있을 것이다.

제2절 무거운 죄의 하품 · 중품 · 상품

〖해설〗
앞의 '제1절 ④ 만약 이양과 공경을 탐내어 구하기 위해, 자신을 칭찬하면서 남을 훼손한다면, 죄가 무거움이며 가벼움이 아니다.'라고 말한 것은 무거운 죄이다. 이 무거운 죄에는 다시 하품 · 중품 · 상품이 있다.

〖요기〗 번뇌와 현상으로 말미암은 사고
第四之中 有其三品(제사지중 유기삼품)
成三之由 亦有二途 謂由事故 及由纏故.
(성삼지유 역유이도 위유사고 급유전고)
〖한자〗 由/말미암을 유. 원인. ~써. 연유(무슨 일이 거기에서 비롯됨).

途/길 도. 도로. 事/일 사. 현상.
※이사(理事) : 이치와 현상.
纏/얽힐 전. 묶다. 번뇌의 다른 이름.
故/옛 고. 까닭. 때문에. 일. 사고(재앙이 되는 일).

네 번째 [무거운 죄] 안에 그 삼품이 있으며,
삼품을 이루는 이유에 또 두 가지 길이 있다.
현상으로 말미암은 사고와
번뇌로 말미암은 사고를 말한다.

〖해설〗 번뇌와 현상으로 말미암은 사고

▷ **현상으로 말미암은 사고** : '유사고(由事故)'를 '현상으로 말미암은 사고'라고 번역하였다. '현상으로 말미암은 사고'는 '자신을 칭찬하면서 남을 훼손할 때'에 누구를 대상(현상)으로 삼는가에 따라 죄의 무게가 달라진다는 것이다.
'고(故)'는 '사고(事故)'의 뜻으로 '자신과 남을 훼손하거나 심신을 더럽히는 일' 또는 '사람에게 해를 입히거나 말썽을 일으키는 나쁜 짓' 이와 같이 해석하면 글의 내용과 부합한다.

▷ **번뇌로 말미암은 사고** : '유전고(由纏故)'를 '번뇌로 말미암은 사고'라고 번역하였다. '번뇌로 말미암은 사고'는 '자신을 칭찬하면서 남을 훼손할 때'에 자신이 일으키는

번뇌의 질량에 따라 죄의 무게가 달라진다는 것이다.

▷ **죄는 현상이나 번뇌를 반연하여 생긴다** : '반연(攀緣)'이란 '어떤 세력, 경계 등의 연에 의지하는 것'을 말한다. 죄는 번뇌를 반연하거나, 현상을 반연하여 생긴다.

1. 번뇌로 말미암은 사고의 삼품

〖요기〗 번뇌의 하품 · 중품 · 상품

①

由纏故者(유전고자)

若纏現行 非極猛利 或發慚愧 是爲耎品

(약전현행 비극맹리 혹발참괴 시위연품)

〖한자〗 猛/ 사나울 맹. 날카롭다.
　　　　利/㉮ 이로울 이. ㉯ 예리하다. 날카롭다　※ 맹리(猛利) : 날카로움.
　　　　慚/부끄러워할 참. 부끄럽게 여기다.
　　　　愧/부끄러워할 괴. 모욕하다.　　※참괴(慚愧) : 부끄러워함.

②

雖極猛利 無慚無愧 未見爲德 猶在中品

(수극맹리 무참무괴 미견위덕 유재중품)

③

都無慚愧 深生愛樂 見是功德 是名上品

(도무참괴 심생애락 견시공덕 시명상품)

①
번뇌로 말미암은 사고란,
만약 번뇌가 현재 작용해도 극히 날카롭지 않고,
혹 부끄러워함을 낸다면, 이것은 하품이 된다.
②
비록 극히 날카로우며,
부끄럽게 여김이 없고 부끄러워함이 없을지라도,
공덕이 된다고 보지 않으면, 오히려 중품에 있다.
③
도무지 부끄러워함이 없고,
매우 좋아하고 즐거운 마음을 내며,
공덕이 된다고 보면, 이것은 상품이라 이름한다.

〖해설〗 **번뇌의 강도와 마음자세**

　번뇌로 말미암은 사고란, 스스로 내면에서 일어나는 번뇌를 반연하여 '자신을 칭찬하면서 남을 훼손하는 죄'를 짓게 됨을 말한다. 이때 자신이 일으키는 번뇌의 강도와 어떤 마음자세를 갖는가에 따라 죄의 무게도 다르게 된다는 것이다.

2. 현상으로 말미암은 사고의 삼품

〚요기〛 대상의 하품·중품·상품
由事故者(유사고자)
若毁別人 是爲朶品 若毁一衆 卽是中品
(약훼별인 시위연품 약훼일중 즉시중품)
普毁衆多 乃爲上品(보훼중다 내위상품)

현상으로 말미암은 사고란,
만약 개별의 사람을 훼손한다면, 이는 하품이 된다.
만약 하나의 대중을 훼손한다면, 바로 중품이 된다.
널리 다수의 대중을 훼손한다면, 이에 상품이 된다.

〚해설〛 **누구를 대상으로 삼아 죄를 짓는가.**
 '현상으로 말미암은 사고'란 어떤 대상을 향하여 '자신을 칭찬하면서 남을 훼손하는 죄'를 짓게 됨을 말한다. 이때 상대방이 개인인가, 하나의 대중인가, 다수의 대중인가에 따라 죄의 무게도 다르게 된다는 것이다.
 ▷**싸잡아 욕하지 말라** : 다른 사람의 죄를 보면, 자신의 행위를 돌이켜 보는 거울로 삼아야 한다. 그러나 한 사람이 죄를 지어서 비난할 경우에도 그 사람을 대상으로

할 것이지, 그 부모형제나 집안이나, 지역을 거론하며 그 명예를 훼손하지 말아야 한다. 여기 '현상으로 말미암은 사고' 중에 상품의 죄는 그것을 말하는 것이다.

▷ **자아의식도 경계도 없는 경지** : 경계는 주관이 인식하는 대상을 말한다. 경계가 없어도 내면의 번뇌를 반연하여 몸과 마음을 더럽히는 죄를 짓게 되는데, 경계가 분명하면 그것을 반연하여 죄를 짓는 확률이 훨씬 높아진다. 경계는 사람뿐만 아니라, 모든 사물을 포함하여 말하는데, 여기서는 사람을 반연하여 훼손하는 죄를 짓게 되는 경우를 말하고 있다. 한 사람을 훼손하는 경우, 하나의 대중, 하나의 사회를 상대하여 훼손하는 죄를 짓게 되는 경우를 판별하였다.

자아의식도 경계도 없는 경지에 이르러야 비로소 죄를 짓지 않을 것인데, 그것이 문제이다. 이러한 까닭에 「대의」에서 보살계는 [일심의] 근원으로 되돌아가는 나루터[출발점]라고 하였다.

제3절 상품의 죄는 사자 몸 안의 벌레

〖해설〗 상품의 죄

 '상품의 죄'에 둘이 있다. 하나는 앞에서 '**현상으로 말미암은 사고**' 중에 '널리 다수의 대중을 훼손한다면, **이에 상품이 된다.**'라고 말한 것이다. 둘은 '**번뇌로 말미암은 사고**' 중에 '도무지 부끄러워함이 없고, 매우 좋아하고 즐거운 마음을 내며, 공덕이 된다고 보면, **이것은 상품이라 이름한다.**'라고 말한 것이다. 상품의 죄를 짓는 이들은 **전예도인 · 극사사문**이며, **사자 몸 안의 벌레와 같다.**

〖요기〗 상품의 죄는 사자신중충

上品之內 罪非一端 隨其難別 略示三雙

(상품지내 죄비일단 수기난별 약시삼쌍)

佛法內人 多依三學(불법내인 다의삼학)

起似佛道 之魔事故 猶如師子 身內之虫.

(기사불도 지마사고 유여사자 신내지충)

乃食師子 餘無能故(내식사자 여무능고)

〖한자〗 端/㉮ 바를 단. 옳다. ㉯ 끝. 가장자리.
　　　※일단(一端) : 사물의 한 부분.
　　　※삼학(三學) : 계정혜 삼학. 계율의 가르침(戒學),
　　　　　　　　 선정의 가르침(心學), 지혜의 가르침(慧學).
　　　魔/마귀 마. 불법을 방해하는 일. 猶/오히려 유. 마치 ~와 같다.

師/스승 사. 사자 사(獅)와 같은 뜻으로 쓰이기도 한다.
虫/㉮ 벌레 훼. ㉯ 벌레 충. 충(蟲)의 속자.

상품의 안에는 죄가 한 가지가 아니어서,
그것을 따라서 분별하기가 어렵지만,
대략 세 쌍으로 보이겠다.
불법 안의 사람들이 다수가 계정혜 삼학에 의하지만,
불도를 흉내 내는 마군의 사고를 일으키기 때문에,
마치 사자 몸 안의 벌레와 같은 것이다.
이에 사자를 먹는 것은,
다른 것이 할 수 없기 때문이다.

〖해설〗 상품의 죄, 그 세 쌍

 안으로 정신적인 번뇌로 말미암아 사고를 내든지, 바깥의 현상으로 말미암아 사고를 내든지, 죄가 무거우면 상품의 죄에 속하는데, 그 종류가 한둘이 아니어서 모두 예를 들어 말하기가 어렵다. 그러므로 여기서는 대략 세 부문에서 둘씩 짝을 지어서 세 쌍으로 보이고 해설하였다.

 선정의 가르침에서 **탐욕과 교만**, 계율의 가르침에서 **죄가 되는 삿된 계와 죄가 되는 바른 계**, 지혜의 가르침에서 **있음에 집착함과 없음을 취함**을 말한다.

〖해설〗 불도를 흉내 내는 마군의 사고(似佛道之魔事)

'불도를 흉내 낸다'는 것은 성인이나 선지식의 행적을 흉내 내고, 계율과 선정과 지혜 등을 제멋대로 해석하고 행하는 것을 말한다.

▷ **마(魔)** : 마라와 같은 말. '마라(魔羅)'는 범어 Mara의 음역. 바른 수행과 정법을 방해하는 마군 또는 마구니[魔軍의 변형 : 악마의 군사]. '마사(魔事)'를 '마군의 사고'라고 번역하면, 앞에서 고(故)를 '사고'라고 한 것과 같고, 글의 뜻도 잘 통하게 된다.

〖해설〗 사자 몸 안의 벌레

상품의 죄를 짓는 중에, 불도를 흉내 내는 마구니의 사고를 일으키는 것은, 마치 사자 몸 안의 벌레[師子身內虫]와 같은 것이다. 불법 안에서 불법을 갉아 먹는 벌레와 같기 때문이다. 불법을 파괴하는 것은 불법 안에서 자행되는 것이지 결코 불법 밖에서는 가능하지 않다. 불도를 흉내 내는 것은 사자 몸 안의 벌레와 같다. 어떤 마음의 작용, 어떤 행위가 사자 몸 안의 벌레와 같은가? 이것을 해설하는 데에 이 책의 1/3을 할애하고 있으니, 얼마나 심각한 범계행위인지를 알 수 있다.

1. 탐욕과 교만의 마음

〖해설〗

선정(禪定)의 가르침[心學]을 따르는 중에 조심해야 할 것은 탐욕과 교만을 일으키는 것이다. **탐욕과 교만의 마음**으로 '널리 다수의 대중을 훼손하거나, 도무지 부끄러워함이 없고, 매우 좋아하고 즐거운 마음을 내며, 공덕이 된다고 보면, **상품의 죄**가 된다. 상품의 죄를 짓는 이들은 **전예도인 · 극사사문으로 사자의 몸 안의 벌레와 같다.**

〖요기〗

第一雙者 依於心學 有二類虫 食滅佛法
(제일쌍자 의어심학 유이류충 식멸불법)
一 由貪故 二 由慢故 (일 유탐고 이 유만고)

〖한자〗 ※심학(心學 : 마음의 가르침)은 정학(定學)과 같다.
　　　※정학(定學) : 선정의 가르침. 慢/교만할 만.
　　　※고(故) : ㉮ 옛 고. ㉯ 연고 고, 까닭 ㉰ 일, 사건, 대사(大事).

첫 번째 한 쌍은,
심학[선정의 가르침]에 의지하는 데에,
두 부류의 벌레가 있어서,
불법을 먹어 소멸하는 것이다.

첫 번째 짝은 '탐욕'으로 말미암은 사고이고,
두 번째 짝은 '교만'으로 말미암은 사고이다.

〖해설〗 선정의 가르침에서 탐욕과 교만의 사고

 심학(心學)은 선정(禪定)의 가르침을 말한다. 선정의 가르침에서 경계해야 할 것은 탐욕과 교만이다. 선정 중에 여러 현상을 체험하면, 그것을 깨달음으로 착각하고, 자신의 거짓 깨달음을 자랑하며 탐욕을 일으키고, 대중 앞에서 교만해지는 경우가 허다하다. 이런 일은 저 먼 옛날이나 지금이나 변함이 없다. 인간의 탐욕과 교만의 뿌리가 그토록 깊다는 것이다.

▷ **'탐욕으로 말미암은 사고'의 번역** : '유탐고(由貪故)'에서 고(故)를 '사고'라고 번역하였다. 글의 뜻을 이해하는 데에 가장 적당한 번역이라고 생각한 때문이다. '유만고(由慢故)'도 마찬가지이다.

1) 탐욕으로 말미암은 사고

〖요기〗

①

由貪故者 如有一類 閑居靜處 離諸散亂

(유탐고자 여유일류 한거정처 이제산란)

攝心禪門 由心澄靜 彷彿有見

(섭심선문 유심징정 방불유견)

②

或 由邪神 加力令識 于時 由自少聞 不別邪正

(혹 유사신 가력령식 우시 유자소문 불별사정)

③

又 欲引致 名利恭敬 隨所見識 令他聞知

(우 욕인치 명리공경 수소견식 영타문지)

耀諸世人 咸 "疑是聖"(요제세인 함 의시성)

〖한자〗 耀/빛날 요. 빛내다. 자랑하다.

④

此由獨揚 似聖之迹 普抑諸僧 爲無可歸

(차유독양 사성지적 보억제승 위무가귀)

以破佛法故 得重罪 是 謂諸僧之大賊也

(이파불법고 득중죄 시 위제승지대적야)

〖한자〗 揚/오를 양. 들날리다. 알려지다.

①
탐욕으로 말미암은 사고란,
어떤 한 부류와 같으니,

고요한 곳에서 한가히 머물며,
모든 산란함을 멀리하고, 선문에서 마음을 모아,
마음이 맑고 고요함으로 말미암아,
견해가 있음을 방불케 하는 것이다.

②
어떤 사람은
삿된 신이 힘을 보태 알게 함으로 말미암거나,
한 때 자신이 조금 들은 것으로 말미암아,
삿됨과 바름을 구별하지 못하는 것이다.

③
또, 어떤 사람은
명예와 이익과 공경을 끌어들이려고,
보거나 알게 된 것을 따라서,
다른 사람으로 하여금 듣고 알게 하며,
모든 세상 사람들에게 자랑하면,
모두가 "이 분이 성인일까?"라고 의심하는 것이다.

④
이들은 홀로 성인을 흉내 내는 행적을
알려지게 함으로 말미암아,
널리 모든 스님들을 억눌러서
귀의할 만한 것이 없게 하여,

불법을 파괴하기 때문에 죄가 무거움을 얻게 되니, 이들을 '모든 스님들의 큰 도적'이라고 말한다.

〖해설〗 선정의 가르침에서 '탐욕으로 말미암은 사고'
▷『원인론』에서 말하였다. 「**탐욕**(貪欲)은 명예와 이익으로써 자기만을 영화롭게 하려는 것이다. **진에**(瞋恚 : 성냄)는 뜻에 어긋나는 경계가 침해할까 두려워해 화를 내는 것이다. **우치**(愚癡 : 어리석음)는 이치[인과, 연기]로 헤아리지 않는 것이다.」

① 어떤 사람은 선정 중에 마음이 고요한 상태가 지속되면 이것을 깨달음으로 착각한다.

② 어떤 사람은 선정 중에 삿된 신이 나타나 법문을 하는 것은 마구니의 짓으로, 바른 경계가 아닌데 그것을 알아차리지 못한다.

③ 어떤 사람은 명예와 이익과 공경을 탐내는 마음으로, 선정 중에 고요한 경계를 체험한 것이나, 삿된 신에게 들은 법문을 널리 자랑하여, 사람들이 그를 깨달은 이로 생각할 수 있게 한다.

④ 이런 부류는 성인을 흉내 내는 행위를 여러 사람들에게 알려지게 하여 사람들이 따르게 되면, 수행하지 않는 스님들에게 귀의하거나 공양하지 말도록 한다.

이들은 바른 불법을 파괴하고, 스님들에게 귀의하는 것을 막고, 공양물을 빼앗아가게 되었으니, '**모든 스님들의 큰 도적**'이다.

　전예도인들이 불법을 문란하게 하는 행위를 바로잡으려면, 출가사문의 행위가 모범이 되어야 한다. 출가사문으로서 거짓 깨달음을 빙자하거나, 종교적 권위를 이용하거나, 깊은 계를 깎아내리며 사사로운 이익을 챙기는 데에 몰두하면, 그들은 모두 극사사문에 해당하며, 사자 몸 안의 벌레와 같다.

2) 교만으로 말미암은 사고

〖요기〗
①
由慢故者 如有一類 長住深山
(유만고자 여유일류 장주심산)
有所得心 修寂靜業 魔知彼心 可以動壞
(유소득심 수적정업 마지피심 가이동괴)
發空中聲 讚其所行(발공중성 찬기소행)

〖한자〗 如/같을 여. 따르다. 좇다. 만약.
　　　　可/옳을 가. 가히(결정, 상상, 권고, 가능의 뜻을 나타낸다)

②

其人由是 起自高心 普抑諸僧

(기인유시 기자고심 보억제승)

"住人間者 誰當 稱美爾等所行"

(주인간자 수당 칭미이등소행)

此人罪過 重於前者 是 謂菩薩旃陀羅也

(차인죄과 중어전자 시 위보살전타라야)

〖한자〗抑/누를 억. 어떤 마음이 일어나지 못하게 누르다.
　　　　美/아름다울 미. 기리다(뛰어난 업적, 위대한 사람을 칭찬하다)
　　　　※전타라(旃陀羅) : 범어 'candala'의 음역. '악인(惡人)'이라고 번역한다.

①

교만으로 말미암은 사고란,

어떤 한 부류와 같으니, 깊은 산에 오래 머물며,

얻은 바가 있다는 마음으로 고요한 업을 닦으니,

마군이 저 마음을 알고는, 움직여 깨뜨리려고,

공중의 소리를 내어 그가 행하는 바를 칭찬한다.

②

그 사람은 이로 말미암아

자신이 높다는 마음을 일으키고,

널리 모든 스님들을 억누르려고,

"인간 세상에 머무는 자들이여, 누가 마땅히

그들이 행하는 바를 칭찬하던가."라고 한다.
이 사람의 죄와 허물은 앞 사람보다 무거우니,
이들을 '보살들의 악인'이라고 말한다.

〖해설〗 선정의 가르침에서 '교만으로 말미암은 사고'
▷ **교만(驕慢)** : 자신을 낮추지 않고 뽐내며 업신여김이다.
① 어떤 사람은 깊은 산속에서 오랫동안 참선수행을 하면서 고요한 삼매의 경지를 체험한 바가 있어서, 그것이 깨달음이라고 믿고 환희심으로 계속 정진한다. 그때 선정 중에 마구니가 나타나서, "그대는 바른 깨달음을 얻었다. 이제 세상으로 나가 당당히 법을 설해도 좋다" 이런 말을 하며, 칭찬한다.
② 저 사람은 마구니가 말한 것을 믿고, 교만한 마음을 내어 스님들을 만나면, 거만한 자세로 그가 체험한 일을 말하며 자신은 깨달음을 얻었다고 자랑한다. 이 사람은 선정 중에 마구니가 나타나는 바르지 않은 수행을 하고도 깨달음을 얻었다고 자랑하니, 이는 깨달음을 얻은 보살들을 욕되게 하는 짓이므로 '보살들의 악인'이다. 거짓 깨달음을 자랑하는 대망어(大妄語)는 탐욕과 교만의 죄보다 무겁다. 불법문중에서는 깨달음의 지혜를 최상의 가치로 삼는 까닭이다.

예나 지금이나 재가불자 중에 깨달음을 자랑하는 전예 도인이 있다. 출가사문 중에도 자신의 깨달음을 자랑하며, 불법의 몇 대 조사에 해당한다거나, 누구로부터 인가를 받았다고 말하는 경우를 본다. 이들은 **극사사문**이며, **사자 몸 안의 벌레**와 같은 존재에 지나지 않는다. 그들이 불교를 위해 많은 일을 했다고 하더라도, 불교의 생명인 **지혜를 파괴하는 죄**를 덮을 수 없는 것이다.

〖해설〗 전타라(旃陀羅)

본문에 '**전타라**(旃陀羅)'는 범어 'candala'의 음역이다. '악인(惡人)'이라고 번역한다. 고대인도의 사성계급(四姓階級)은 ① **바라문**[성직자, 학자], ② **찰제리**[무사, 군인], ③ **바이사**[상업인, 공업인], ④ **수다라**[농민, 노동자]이다. **전타라**는 수다라보다 아래인 백정, 수렵인 등의 천민을 말한다.

2. 죄사계와 죄정계를 범함

〖해설〗

계율(戒律)의 가르침을 따르는 중에 조심해야 할 것은

좌사계와 좌정계에 떨어지는 것이다. **좌사계와 좌정계를 범하여** '널리 다수의 대중을 훼손하거나, 도무지 부끄러워함이 없고, 매우 좋아하고 즐거운 마음을 내며, 공덕이 된다고 보면, 상품의 죄가 된다. **상품의 죄**를 짓는 이들은 **전예도인 · 극사사문**으로 사자의 몸 안의 벌레와 같다.

〖요기〗
第二雙者 依於戒學 有二類虫 食滅佛法
(제이쌍자 의어계학 유이류충 식멸불법)
一 坐邪戒 二 坐正戒(일 좌사계 이 좌정계)

두 번째 한 쌍은,
계학[계율의 가르침]에 의지하는 데에,
두 부류의 벌레가 있어서, 불법을 먹어 소멸한다.
첫 번째 짝은 '좌사계'이고,
두 번째 짝은 '좌정계'이다.

〖해설〗 계율의 가르침에서 좌사계와 좌정계
▷**좌**(坐)는 앉을 좌. '죄에 빠지다. 죄가 되다'라는 뜻이다.
예) **연좌**(緣坐)는 범죄자와 친족관계가 있는 자에게 연대하여 죄를 받게 하는 것을 말한다. **연좌**(連坐)는 [친

족이 아닌] 남의 죄나 사건에 걸려드는 일을 말한다.

▷ **좌사계**(坐邪戒) : '**죄가 되는 삿된 계**'이다. 애초에 삿된 계를 지니거나, 계라는 형식을 이용해 이익과 공경을 탐내기 때문에 결국 죄가 된다는 뜻이다.

▷ **좌정계**(坐正戒) : '**죄가 되는 바른 계**'이다. 바른 계를 지녀도 자신이 홀로 청정하다는 이유로 자신을 높이고 남을 업신여기며 훼손하기 때문에 결국 죄가 된다는 뜻이다. '좌사계'와 '좌정계'의 뜻은 아래 글에서 알 수 있다.

1) 죄가 되는 삿된 계

〚요기〛 좌사계의 뜻

①

坐邪戒者(좌사계자)

如有一類 性非質直 或 承邪戒 或 自邪念

(여유일류 성비질직 혹 승사계 혹 자사념)

不衣絲麻 不食五穀 反欲貪求 利養恭敬

(불의사마 불식오곡 반욕탐구 이양공경)

〚한자〛 ※ 질직(質直) : 순박하고 곧음.
　　　　※ 사마(絲麻) : 명주실과 삼실. 명주옷과 삼베옷.

②

自揚無比 訐諸癡類 希望群愚 咸仰己德

(자양무비 광제치류 희망군우 함앙기덕)
普抑一切 無異迹者(보억일체 무이적자)
由是 內以傷眞 外以亂人 傷亂之罪 莫是爲先也
(유시 내이상진 외이난인 상난지죄 막시위선야)

①
죄가 되는 삿된 계란,
어떤 한 부류와 같이,
품성이 순박하거나 곧지 않아서,
어떤 사람은 삿된 계를 이어받고,
어떤 사람은 자신의 삿된 생각으로,
명주옷과 삼베옷을 입지 않고,
오곡을 먹지 않으며,
도리어 이양과 공경을 탐내어 구하려고 한다.

②
자신은 비할 데 없음을 자랑하며,
모든 우둔한 부류들을 속여서,
여러 어리석은 사람들이 모두가
자신의 덕을 우러러보기를 바라며,
널리 일체 '기이한 행적이 없는 자'를 억누른다.

이로 말미암아 안으로는 진실을 손상하고,
밖으로는 사람들을 혼란하게 하니,
손상하고 혼란케 한 죄가 이보다 앞선 것은 없다.

〖해설〗계율의 가르침에서 '죄가 되는 삿된 계'
① 어떤 사람이 율의에 따라 수계의식을 정식으로 받지 않고 전예도인이나 극사사문에게 홀로 계를 받으면, 이는 삿된 계에 속한다.

어떤 사람은 깨달음을 얻으면 계율의 구속을 받지 않는다는 말을 듣고는, 자신의 거짓 깨달음을 빙자하여 정업을 닦지 않는다. 이들은 계를 지님으로써 죄로부터 자유를 얻게 된다는 계의 참뜻을 알지 못하니 삿된 계를 이어 받은 것이다.

어떤 사람은 명주옷이나 삼베옷을 입거나, 영양식으로 몸의 건강을 위해 힘쓰는 일 등은 계율에 어긋나기 때문에 그런 일을 금하지만, **그 속마음은 지계를 빙자하여 이익과 공양과 공경을 탐내는 삿된 뜻이 들어있다.** 이와 같이 탐욕의 삿된 마음으로 지계의 모습을 갖추는 경우를 **'죄가 되는 삿된 계'**라고 부른다.

그런데 요즈음은 출가사문이 명주옷·하얀 모시옷·노란 삼베옷을 입은 모습들을 흔하게 볼 수 있고, 몸 건강을 돌보는 일이 일상사처럼 보인다. 이것을 어떻게 해석해야 할지 모르겠다.

② 속마음은 삿되면서 바깥 형식만 지계의 모습으로 갖춘 이들은 우둔한 부류들을 속여서 자신을 공경하게 하고, 자신에게 공양하게 한다. 또, 지계가 엄하지 않은 사람들을 향해 계의 정업을 닦아야 신통을 부릴 수 있다고 하며, 그들을 얕보고 억누른다. 이들은 자신의 불성을 손상하고, 밖으로 사람들을 혼란하게 하니, 이보다 무거운 죄가 없다.

이와 같이 '죄가 되는 삿된 계'를 지니는 자들을 '오랫동안 불도를 흉내 내는 행적을 제멋대로 하여 진실하고 바른 것을 잃어버린 **전예도인이라고 부른다**. 또, '언제나 깊은 계를 깎아내리며 얄팍한 행위를 구하는 **극사사문이라고 부른다**. 이들은 모두 **사자 몸 안의 벌레와 같다**.

2) 죄가 되는 바른 계

〚요기〛 좌정계의 뜻
坐正戒者(좌정계자)
如有一類 性是淺近 於世大運 多慢緩時

(여유일류 성시천근 어세대운 다만완시)

獨正其身 威儀無缺 便起自高 陵他之心

(독정기신 위의무결 변기자고 능타지심)

慢毁 乘急戒緩之衆(만훼 승급계완지중)

此人 全其小善 以毁大禁 轉福爲禍 莫斯爲甚也

(차인 전기소선 이훼대금 전복위화 막사위심야)

〚한자〛 慢/게으를 만. 거만하다. 업신여기다. 엄하지 않고 어지럽다.
　　　 緩/느릴 완. 느슨하다.
　　　 陵/㉮ 큰 언덕 릉. ㉯ 업신여기다. 깔보다. 가벼이 보다.
　　　 乘/㉮ 탈 승. 올라타다. 오르다. ㉯ 기회 등을 이용하다.
　　　 ※승급계완(乘急戒緩) : 기회를 이용하는 데는 빠르고 계는 느슨하다.

죄가 되는 바른 계란,
어떤 한 부류와 같이, 성품이 얕고 속되어서,
세상의 큰 흐름이 대부분 엄하지 않고 느슨한 때에,
홀로 그 몸을 바르게 하고 위의에 결점이 없게 하여,
문득 자신을 높이고 남을 업신여기는 마음을 일으켜,
기회를 이용하는 데는 빠르고 계는 느슨한 대중들을
업신여기고 훼손한다.
이 사람은 그 작은 선행을 온전히 하겠지만
크게 금하는 것을 훼손함으로써,
복을 돌려 화가 됨이 이보다 심한 것은 없다.

〖해설〗 계율의 가르침에서 '죄가 되는 바른 계'

어떤 사람들은 영리하여 시대심리를 잘 읽지만, 성품이 얄팍하여 그 변화에 속되어서 적응한다. 그들은 이렇게 생각한다. '범계행위가 만연한 시대에는 바른 계를 지니는 수행자가 존경을 받는다. 그러므로 계의 형식과 몸가짐을 단정히 하여 존경을 받아야겠다.'

이런 마음가짐으로 세상일에 전혀 관여하지 않고, 대중과 어울리지도 않으면서, 홀로 먹물 옷에 행건을 묶는 등 전통복식으로 옷차림을 단정히 하고, 대중이 모인 곳에서는 언제나 가부좌로 몸을 바르게 하고 말을 조심스럽게 한다. 이들은 이와 같이 위의에 결점이 없게 하지만, **속마음은 청정한 계를 지닌다는 아상을 버리지 못하니, 자신을 높이고 남을 업신여기는 마음을 일으킨다.**

그리하여 이들은 이익의 기회를 이용하는 데에 빠르고 계를 지니는 데는 느슨한 대중들을 업신여기고 헐뜯는다. 이들은 위의에 결점이 없는 정업의 선행은 잘한 일이지만, 불법 안에서 같은 법을 수행하는 대중들을 훼손한 때문에, 지계의 선행을 돌려 대중을 헐뜯은 상품의 죄를 지은 것이다.

이와 같이 바른 계를 지니면서 더 큰 죄를 짓게 되는 경우를 '**죄가 되는 바른 계**'라고 부른다. 불법 안에서 상품의 죄를 짓는 이들은 **전예도인·극사사문**에 속하니, 결국 **사자 몸 안의 벌레**와 같은 것이다.

3) 바른 계도 죄가 된다

〖요기〗 바른 계도 죄가 되는가?
①
問 邪戒之罪 應如所說 持正戒者 何必是罪
(문 사계지죄 응여소설 지정계자 하필시죄)
所以然者 如有一類 內無諸纏
(소이연자 여유일류 내무제전)
不觀餘人 作與不作 唯察自心 獨持正戒
(불관여인 작여부작 유찰자심 독지정계)
如是菩薩 何由成犯(여시보살 하유성범)

〖한자〗 觀/볼 관. (눈으로) 보다.
　　　　(마음으로) 관찰하다. 관하다. 이해하다.

①
물어보겠다.
삿된 계의 죄는 마땅히 설명한 바와 같겠지만,
바른 계를 지니는 것이 어떻게 반드시 죄가 되는가?
왜 그런가하면, 어떤 한 부류와 같이,

내면에는 모든 번뇌가 없고,
다른 사람이 짓는 것과
짓지 않는 것을 보지도 않으며,
오직 자기 마음만을 살피고 홀로 바른 계를 지닌다.
이와 같은 보살이 어떤 이유로 죄가 되는가?

〖해설〗 ① 바른 계도 죄가 되는가?
　속마음에 삿된 뜻을 품고 계를 지닌다면 죄가 되는 것을 알겠다. 그런데 **바른 계를 지니는 것이 어떻게 죄가 된다고 하는가?** 왜 그런가하면, 저들과 같이 삿된 마음을 품고 이익과 공양과 공경을 탐내지도 않고, 다른 사람이 계를 지니고 지니지 않는 것을 상관하지도 않으면서, 오직 홀로 자신의 마음을 살피며 바른 계를 지니는데, **이런 보살이 어떤 이유로 죄가 된다고 하는가?** 이해할 수 없다.

〖요기〗 바른 계도 죄가 될 수 있다.
②
答 若無染心 不在前說 而於此人 亦當分別
(답 약무염심 부재전설 이어차인 역당분별)
③ 소승과 대승은 다르다.
若由獨淨 令諸世人 普於諸僧 謂 "非福田"

(약유독정 영제세인 보어제승 위 비복전)
利養尊重 偏歸於己者(이양존중 편귀어기자)
雖順聲聞 自度心戒 而逆菩薩 廣大心戒
(수순성문 자도심계 이역보살 광대심계)
如似聲聞 無常等觀 雖於淺事 是無顚倒
(여사성문 무상등관 수어천사 시무전도)
而於法身 卽是顚倒(이어법신 즉시전도)
當知 此中順逆 亦爾(당지 차중순역 역이)

②
대답하겠다. 만약 물든 마음이 없다면,
앞에서 설명한 것에 해당되지 않겠지만,
이 사람에 대해서도 또 마땅히 분별해야 한다.
③
만약 홀로 청정하다는 것으로 말미암아,
모든 세상 사람들로 하여금,
널리 모든 스님들에 대해서는,
"복전이 아니다."라고 말하게 하고,
이양과 존중을 치우쳐 자신에게만 돌아오게 한다면,
성문이 자신을 제도하는 마음의 계를 따를지라도,
보살의 광대한 마음의 계를 역행하는 것이다.

마치 성문과 비슷하게 무상 등으로 관한다면,
비록 얕은 일에는 거꾸로 됨이 없게 될지라도,
법신에는 거꾸로 되는 것과 같은 것이다.
이 가운데 수순하고 역행하는 것도
또 그러한 줄을 마땅히 알아야 한다.

【해설】② 바른 계도 죄가 될 수 있다.

어떤 사람이 지계의 정업을 잘 지니면서도 바른 계를 지닌다는 아상을 갖지 않아서 남을 업신여기거나 헐뜯지 않는다면, 앞에서 말한 '죄가 되는 바른 계'에 해당되지 않겠다. 그러나 이 바른 계를 지닌다는 사람에 대해서도 분별할 것이 있다. 바른 계도 죄가 될 수 있으니, 이 점을 잘 알아야 한다.

【해설】③ 소승과 대승은 다르다.

홀로 지계의 정업을 잘 지니는 것은 칭찬할 만한 일이다. 그러나 자신만 청정하다는 아상을 버리지 못하고 남을 업신여기며, 계를 지니지 않는 사문은 복전이 되지 않기 때문에, 자신에게 공양하고 자신을 공경하게 한다면, 그것은 옳지 않은 것이다.

성문으로서 우선 자신을 제도하는 마음의 계를 따르는

것이므로 옳다고 하더라도, 대승보살이 모든 사람을 평등하게 대하는 광대한 마음의 계에는 어긋나는 것이다. 마치 성문이 무상(無常) 등으로 관한다면 소승의 교법에는 잘못 된 것이 없지만, 대승이 법신[法身常住·불생불멸]을 관하는 입장에서는 역행하는 것과 같은 것이다. 여기서 계를 따르거나 역행한다는 것도 이러한 이치로 말하는 것이다.

〖요기〗 바른 계로 복과 지혜가 증장한다.

④
若由獨淨 令諸世間 未信者 信者增長
(약유독정 영제세간 미신자 신자증장)
普於諸僧 平等供養者 非直無犯 乃生多福.
(보어제승 평등공양자 비직무범 내생다복)

⑤
然由獨淨 居雜染間 以此望得 不抑染衆
(연유독정 거잡염간 이차망득 불억염중)
又 欲令他 生等敬心者(우 욕영타 생등경심자)
猶如頭戴日月而行 而欲不卻其暗者矣
(유여두대 일월이행 이욕불각기암자의)

④
만약 홀로 청정함으로 말미암아,
모든 '세간에 믿지 않는 사람들'로 하여금,
믿는 사람이 늘어나게 하고,
널리 모든 스님들에게 평등하게 공양하게 한다면,
범함이 없을 뿐 아니라, 이에 많은 복을 낼 것이다.
⑤
그리고 홀로 청정함으로 말미암아도,
[다양한 근기가] 섞여서 물듦 사이에 거주하면서,
이들과 상대하고 만나게 되어도,
물든 대중들을 억누르지 않고,
또, 다른 사람들로 하여금,
평등하게 공경하는 마음을 내도록 한다면,
마치 머리에 해와 달을 이고 걸어가며,
그 어둠을 물리치지 않으려고 하는 것과 같다.

〖해설〗 **바른 계는 복과 지혜가 증장한다.**
④ 수행자가 남의 일에 참견하지 않고 홀로 지계의 정업을 닦으면서, 세간에 불교를 믿지 않는 사람들에게 믿음을 일으키게 하고, 그들에게 모든 출가사문들을 위하여 평등하게 공양하게 한다면 죄를 짓지 않을 뿐만 아

니라, 많은 복이 증장할 것이다.

⑤ 홀로 지계의 정업을 닦지만 세간을 멀리하지 않고, 다양한 근기가 섞여 물든 사이에 살면서 이들과 어울려도, 지계의 정업을 닦지 않아서 물든 대중들을 업신여기거나 얕보지 않고, 다른 사람들로 하여금 평등하게 공경하는 마음을 내도록 한다면, 자연히 지혜가 증장하여 앞길이 훤하게 밝아질 것이다.

〖요기〗 분별하고 집착하면 중도와 멀다.

⑥

自非知機大聖 尠能得其然也

(자비지기대성 선능득기연야)

以是之故 古之大賢 誡其子云 "愼莫爲善"

(이시지고 고지대현 계기자운 신막위선)

其子對曰 "當爲惡乎" 親言 "善尙莫爲 況爲惡乎"

(기자대왈 당위악호 친언 선상막위 황위악호)

〖한자〗 機/㉮ 틀 기. 기계. ㉯ 때. 시기. ㉰ 도리. 작용.
　※지기(知機) : 낌새를 알아차리다.
　　尠/적을 선. 적다. 드물다. 尙/ 오히려 상. 況/하물며 황.

⑥
스스로 조짐을 아는 큰 성인이 아니라면

그렇게 할 수 있기는 드문 일이다.
이러한 까닭에 옛날의 큰 현자가
그의 아들에게 훈계하여 말하기를,
"신중하되 착하게 되려고 하지 말라."고 하였다.
그의 아들이 대답해 말하기를,
"그렇다면 악하게 되어야겠습니까?"라고 하였다.
아버지가 말하기를,
"착하게도 오히려 되지 말아야 하는데,
하물며 악하게 되어야겠는가."라고 했던 것이다.

〖해설〗 분별하고 집착하면 중도와 멀다.

⑥ 도의 이치를 통달하고 조짐을 아는 성인이 아니라면, 남의 일에 참견하지 않고 홀로 지계의 정업을 닦으면서, 정업을 닦지 않고 물든 대중들에게 평등하게 공양하게 하고, 공경하는 마음을 내도록 하기는 어려운 일이다. 때와 근기를 파악하지 못하고 선행에 집착하여 행하면 오히려 욕됨을 당할 수 있기 때문이다. 그러므로 삼업을 행하는 데에 신중하되, 계와 계 아닌 것을 분별하여 정업에 너무 집착하지 말아야 한다. 분별하고 집착하면 중도와 멀어지기 때문이다.

3. 증익과 손감의 견해

〖해설〗

　지혜(智慧)의 가르침을 따르는 중에 조심해야 할 것은 증익과 손감의 어리석음이다. **증익과 손감의 견해**로 '널리 다수의 대중을 훼손하거나, 도무지 부끄러워함이 없고, 매우 좋아하고 즐거운 마음을 내며, 공덕이 된다고 보면, 상품의 죄가 된다. **상품의 죄**를 짓는 이들은 **전예도인· 극사사문**으로 **사자의 몸 안의 벌레**와 같다.

〖요기〗

第三雙者 依於慧學 亦有二輩 自讚毁他
(제삼쌍자 의어혜학 역유이배 자찬훼타)
一 由增益 二 由損減(일 유증익 이 유손감)

〖한자〗 ※혜학(慧學) : 지혜의 가르침이니, 곧 견해에 대한 바른 가르침이다.
　　　　增/불을 증. 더하다.
　　　　益/더할 익. 이득. 損/덜 손. 잃다. 減/덜 감. 줄이다.

세 번째 한 쌍은,
혜학[지혜의 가르침]에 의지하는 데에,
또, 두 무리가 있어서,
자신을 칭찬하면서 남을 훼손하는 것이다.

첫 번째 짝은 '증익'으로 말미암은 것이요,
두 번째 짝은 '손감'으로 말미암은 것이다.

〖해설〗 지혜의 가르침에서 증익·손감의 어리석음
▷**증익**(增益) : '얻을 것이 있음'을 익(益)이라 하고, 있음에 '집착함'을 증(增)이라 한다. 그러므로 **증익**(增益)은 얻을 것이 **'있음에 집착함'**이다.
▷**손감**(損減) : '얻을 것이 없음'을 감(減)이라 하고, 없음을 '취함'을 손(損)이라 한다. 그러므로 **손감**(損減)은 얻을 것이 **'없음을 취함'**이다.
▷지혜의 가르침에서 **있음에 집착함과 없음을 취함**은 어리석음이다.

1) 있음에 집착함

〖요기〗
由增益者 如有一類 性是斜聰 爲勝他故 廣習諸論
(유증익자 여유일류 성시사총 위승타고 광습제론)
不解諸法 皆離言說 執有如言 自性差別
(불해제법 개이언설 집유여언 자성차별)
爲得名利 作如是言(위득명리 작여시언)

"我得 三世諸佛意說 若異此者 皆是漫說"
 (아득 삼세제불의설 약이차자 개시만설)
此人 於一讚毀 具四顚倒 以亂佛法故 成重罪
(차인 어일찬훼 구사전도 이난불법고 성중죄)

〖한자〗 漫/질펀할 만. 넘치다. 부질없다(쓸모없다)

있음에 집착함[增益]으로 말미암은 것이란,
어떤 한 부류처럼, 성품이 삐딱하게 총명하여,
남을 이기려고 하는 까닭으로,
여러 논서를 널리 익히지만,
모든 법은 다 언설을 떠난 줄을 이해하지 못하고,
말과 같은 자성의 차별이 있다는 것에 집착하여,
명예와 이익을 얻기 위하여 이와 같은 말을 한다.
"나는 삼세의 모든 부처님의 뜻과 말씀을 얻었다.
만약 이와 다르다면 모두 쓸모없는 말이다."

이 사람은 한 번 칭찬하고 훼손함에 있어서,
네 가지 거꾸로 됨을 갖추고,
불법을 어지럽히기 때문에 죄가 무거움을 이룬다.

〖요기〗 네 가지 거꾸로 됨

①

謂其妄執 有所得見 去佛意遠 如天與地

(위기망집 유소득견 거불의원 여천여지)

而謂"我近佛意" 是一倒也

(이위 아근불의 시일도야)

②

佛意甚深 絶諸戲論 於一切法 都無所得

(불의심심 절제희론 어일체법 도무소득)

而引同己妄見 是二倒也

(이인동기망견 시이도야)

〖한자〗 戲/놀 희. 희롱하다. 연기. 연극.
　　　※희론(戲論) : 쓸데없이 논함. 쓸모없는 이론.
　　　　부질없이 희롱하는 아무 뜻도 이익도 없는 말.
　　　引/끌 인. 인도하다. 인용하다.

③

揚此二倒之見 加於四部之上 是三倒也

(양차이도지견 가어사부지상 시삼도야)

〖한자〗 揚/오를 양. 쳐들다. 나타내다.
　　　加/더할 가. 높은 체하다. 더 심하여지다.

④

抑諸離邊說者 置其偏執之下 是四倒也

(억제이변설자 치기편집지하 시사도야)

①
그의 '얻을 것이 있음에
허망하게 집착하는 견해'를 말하는 것이며,
부처님의 뜻과는 떨어져 먼 것이 하늘과 땅 같은데,
"나는 부처님의 뜻과 가깝다."라고 말하니,
이것이 첫 번째 거꾸로 됨이다.

②
부처님의 뜻은 매우 깊어서,
모든 쓸데없는 논설을 끊어버려서,
일체 법에는 도무지 얻을 것이 없는데,
끌어서 '자기의 허망한 견해와 같다.'고 하니,
이것이 두 번째 거꾸로 됨이다.

③
이 두 가지 거꾸로 된 견해를 쳐들어,
사부대중 위에서 높은 체하니,
이것이 세 번째 거꾸로 됨이다.

④
모든 극단을 떠나서 말하는 것을 억눌러,
그의 치우친 집착의 아래에 두니,
이것이 네 번째 거꾸로 됨이다.

〖해설〗 있음과 없음의 견해를 갖는 인식체계

▷망집유소득견(妄執有所得見)은 '얻을 것이 있음에 허망하게 집착하는 견해'라고 번역하였다. 이것은 '증익(增益)의 견해'에 해당한다.

▷**있음에 집착하는**[增益·有] **견해와 없음을 취하는**[損減·無] **견해**를 갖는 데는 일정한 인식체계를 읽을 수 있다. 그것은 ㉮ 유(有)와 무(無)를 분별하고, ㉯ 선택한 것을 집착하거나 취하여, ㉰ 그에 대한 견해를 나타내고, ㉱ 그 견해를 합리화하기 위해 논리를 세운다. 즉 '유무의 분별→집착(취함)→견해→논리'의 인식체계이다. 불교의 난해한 글들을 번역하고 이해하는 데는 이와 같은 방식을 적용하면 유익할 것이다. 이 책에서도 통일적으로 적용하였다.

2) 없음을 취함

〖요기〗

①
由損減者 如有一類 禀性狹劣 不近善友
(유손감자 여유일류 품성협열 불근선우)
不廣學問 偏習一分 甚深經論 不解密意

(불광학문 편습일분 심심경론 불해밀의)

如言取義 誹撥諸法 依他道理

(여언취의 비발제법 의타도리)

〚한자〛 偏/치우칠 편. 誹/헐뜯을 비. 비방하다.
　　　撥/㉮ 다스릴 발. ㉯ 덜다. 없애다. 물리치다. 튀기다
　　　(힘을 모았다가 갑자기 탁 놓아 내뻗치게 하다).
　　　※비발(誹撥) : 비방하여 물리쳐버리다.

①

없음을 취함[損減]으로 말미암은 것이란,

어떤 한 부류처럼,

품성이 좁고 열등해 착한 벗을 가까이하지 않고,

학문을 넓히지 않으며,

매우 깊은 경론에서 일부분만을 치우치게 익혀서,

비밀한 뜻을 이해하지 못하고,

말을 따라서 뜻을 취하여,

모든 법은 다른 것에 의지한다는 도리를

비방하여 물리쳐버린다.

②

起如是見 作如是言(기여시견 작여시언)

"三性三諦 但是敎門 無所有中 施設假名

(삼성삼제 단시교문 무소유중 시설가명)

如是解者 乃爲眞實 異此說者 皆是戲論"
(여시해자 내위진실 이차설자 개시희론)

②
이와 같은 견해를 일으켜서,
이와 같은 말을 한다.
"삼성[변계소집성·의타기성·원성실성]과
삼제[공제·가제·중제]는
단지 가르침의 문[방식]일 뿐이요,
있을 것이 없는 중에 임시의 이름을 세운 것이니,
이와 같이 이해하는 것은 진실이 되지만,
이 설명과 다른 것은 모두 쓸데없는 논설이다."

③
由是 獨恃自見 不受他言
(유시 독시자견 불수타언)
設遇鈍根 少聞之人 墮其所破 從其所言者
(설우둔근 소문지인 타기소파 종기소언자)
卽云"此人神明正直"(즉운 차인신명정직)
若値聰明 解文義者 巧能立義 不墮其破者
(약치총명 해문의자 교능입의 불타기파자)

便言"脫失" 謂"是心惑"(변언탈실 위시심혹)

③
이로 말미암아 홀로 자신의 견해만을 믿고
다른 사람의 말을 받아들이지 않는다.
가령 우둔한 근기나 견문이 적은 사람을 만나서,
그가 논파한 것에 떨어져, 그가 말한 것을 따른다면,
곧 "이 사람은 정신이 밝고 정직하다."고 말한다.
만약 총명하여 글의 뜻을 이해하는 사람을 만나서,
묘하게 뜻을 잘 내세우며,
그가 논파한 것에 떨어지지 않는다면,
문득 "벗어나서 잃었다."고 말하거나,
"마음이 미혹하다."고 말한다.

④
未識自解昧鈍 不能逐破意 謂"彼心不正 未及我意"
(미식자해매둔 불능축파의 위 피심부정 미급아의)
此猶家狗逐兎 望不能及 便謂"已超 止而顧見"
(차유가구축토 망불능급 변위 이초 지이고견)

〖한자〗逐/쫓을 축. 따르다. ※遂/이를 수. 성취하다.

④
자신의 이해가 어둡고 둔하여,
[상대의] 뜻을 좇아서 논파할 수 없음을 알지 못하고,
"저 사람의 마음이 바르지 않으니,
나의 뜻에 미치지 못한다."고 말하는 것이다.
이것은 마치 집의 개가
토끼를 쫓다가 다가갈 수 없음을 바라보고는,
문득 "이미 추월했으니, 멈추고 돌아보시오."
라고 말하는 것과 같은 것이다.

〖해설〗 삼성과 삼제

▷**삼성**(三性)은 유식에서 말하는 모든 법에 있어서 자성이 없음[三無自性]을 세 방면에서 분석한 것이다. ㉮ 변계소집성(遍計所執性)은 두루[이리저리] 헤아려[遍計] 집착하는 바의 자성[所執性]이다. 이는 의타기성을 바탕으로 나타난 실재하지 않는 허상의 자성을 말한다. ㉯ 의타기성(依他起性)은 여러 조건에 의지하여[依他] 일어나는 자성[起性]이다. 개체는 조건에 의지하여 일어나기 때문에 차별적인 자성이 없다. ㉰ 원성실성(圓成實性)은 법계에 원만하게 이루어진[圓成] 청정한 실상(實相)이다. 의타기성은 연기법에 대해 말하는 것이

고, 원성실성은 모든 법의 적멸한 본성에 대해 말하는 것이다. 따라서 원성실성도 차별적인 자성이 없다.
▷ **삼제**(三諦)는 모든 법의 세 가지 진리이다. ㉮ 공제(空諦)는 모든 법이 불변하는 실체가 없다는 진리이다. ㉯ 가제(假諦)는 모든 법은 여러 인연에 의지하여 임시로 존재한다는 진리이다. ㉰ 중제(中諦)는 공제나 가제의 어느 한쪽에 치우치지 않는 비유비무(非有非無)의 진리이다.

3) 없음을 취하는 어리석음

〖요기〗
此損減人 略由二愚 失壞佛法 故成重罪
(차손감인 약유이우 실괴불법 고성중죄)
一 擧下爲高愚 二 恃小誹多愚
(일 거하위고우 이 시소비다우)

이 없음을 취하는 사람은
대략 두 가지 어리석음으로 말미암아,
불법을 잃고 파괴하므로 죄가 무거움을 이룬다.
첫째는 '낮음을 들어서 높음으로 삼는 어리석음'이요,

둘째는 '적음을 믿고 많음을 비방하는 어리석음'이다.

(1) 낮음을 들어 높음으로 삼음

〖요기〗

①
第一 愚者(제일 우자)
此損減見 於諸見中 最在底下
(차손감견 어제견중 최재저하)
亦復不如 外道我見(역부불여 외도아견)
其故 何耶(기고 하야)
此人 服最深藥 反成重病 重病之狀 極似無病
(차인 복최심약 반성중병 중병지상 극사무병)
是故 更無醫術 能治此病
(시고 갱무의술 능치차병)

〖한자〗 ※외도(外道) : 불교 외의 가르침을 따르는 사람.
　　　　※아견(我見) : 변하지 않는 실체로서의 자아가 있다고 여기는 견해.
　　　　更/㋙ 고칠 경. ㋕ 다시 갱.

①
첫 번째의 어리석음이다.
이 없음을 취하는 견해는
모든 견해 중에 제일 낮은 아래에 있으며,

또다시, 외도의 아견(我見)만 같지도 못하다.
그 이유가 무엇인가?
이 사람은 제일 강한 약을 복용하고
도리어 무거운 병을 얻어서
중병의 상태가 극심하여 병이 없는 것과 같다.
이러한 때문에 다시 의술로도
이 병을 치료할 수가 없는 것이다.

②
亦勘有人 自覺是患(역선유인 자각시환)
猶如根本無明極闇 與般若明 其狀極似同
(유여근본무명극암 여반야명 기상극사동)
無能所故 俱無能所故 故彼無明 最難可滅
(무능소고 구무능소고 고피무명 최난가멸)
此病難治 當知 亦爾 如偈說云
(차병난치 당지 역이 여게설운)
"爲除有執故 如來說其空 若人 復執空 諸佛所不化"
(위제유집고 여래설기공 약인 부집공 제불소불화)

②
또, 어떤 사람이 이 병[없음을 취하는 견해]을

스스로 깨닫는 경우도 드물다.
마치 근본무명의 극심한 어둠이
지혜의 밝음과 그 상태가 극히 동일한 것과 같으니,
주관과 객관이 없기 때문이며,
둘 다 주관과 객관이 없기 때문에
따라서 저 무명은 소멸하기가 제일 어려운 것이다.
이 병을 치료하기가 어려운 것도
또 이러한 줄을 마땅히 알아야 한다.
게송에서 설명하여 말씀하신 것과 같다.
"있음에 집착함을 제거하기 위한 때문에
여래께서 그것이 공하다고 설하셨는데,
만약 사람이 다시 공에 집착한다면,
모든 부처님께서도 교화하지 못할 것이다."

③
又復 此見 由其解昧 漫起信心
(우부 차견 유기해매 만기신심)
若依此見 修心明利 必撥信心 墮大邪見
(약의차견 수심명리 필발신심 타대사견)
於無數劫 受無間苦(어무수겁 수무간고)
是故 菩薩深悲餘人 有隨彼故 預誡之言

(시고 보살심비여인 유수피고 예계지언)

"一切有智 同梵行者 不應共住"

(일체유지 동범행자 불응공주)

〖한자〗昧/새벽 매. 동틀 무렵. 어둡다. 어리석다.
　　　漫/질펀할 만. 넘치다, 제멋대로.
　　　※일체(一切) : 모든, 온갖. '전혀, 도무지'의 뜻으로,
　　　　　　　　　사물을 부인하거나 금지할 때 쓰는 말.
　　　※일절(一切) : 한 번 끊거나 자름.

③
또한, 이 [없음을 취하는] 견해는,
그 이해의 어리석음으로 말미암아,
신심을 제멋대로 일으키게 된다.
만약 이 견해에 의해 마음을 닦아 밝고 예리해지면,
반드시 신심을 밀쳐버리고 크게 삿된 견해에 떨어져,
무수한 겁 동안 끊임없는 고통을 받을 것이다.
이러한 까닭에 보살은 다른 사람들이,
저들을 따름이 있을 것을 깊이 슬퍼하신 때문에,
미리 경계하여 말씀하셨다.
"일체 '지혜가 있고 청정한 행을 같이하는 자'는
마땅히 함께 머물지 말아야 한다."

④

一切外道 所起我見 雖有乖理 而無是患 如偈說云

(일체외도 소기아견 수유괴리 이무시환 여게설운)

"寧起我見 如須彌山 不起空見 如毫釐許"

(영기아견 여수미산 불기공견 여호리허)

〖한자〗寧/편안할 녕. 차라리(선택의 뜻을 나타냄)
　　　毫/가는 털 호. 釐/다스릴 리. 수량의 이름(양의 천분지 일).
　　※호리(毫釐) : 극히 적은 양.

④

일체의 외도가 일으킨 바의 아견은,
비록 이치에는 어긋남이 있을지라도,
이러한 근심은 없을 것이니,
게송에서 설명하여 말씀하신 것과 같다.
"차라리 아견을 일으키는 것이,
수미산과 같을지라도,
공견을 일으키는 것은,
털끝만큼도 허락하지 말아야 한다."

⑤

由此二緣 最在底下 而其不了 起增上慢

(유차이연 최재저하 이기불요 기증상만)

如似最下沙彌 謂"居和上之上"
(여사최하사미 위 거화상지상)
是 謂擧下爲高愚也(시 위거하위고우야)

⑤
이 두 가지 연으로 말미암아 제일 아래에 있지만,
그들이 분명하게 알지 못하니 증상만을 일으켜서,
제일 아래의 사미와 같으면서,
"화상의 위에 있다."고 말하는 것과 같은 것이다.
이것을 '낮음을 들어서 높음으로 삼는 어리석음'
이라고 말한다.

〖해설〗 증상만 · 화상 · 비구 · 사미.
▷ **증상만**(增上慢)은 깨달음을 얻었다는 착각을 일으켜서 교만하고 잘난 체하는 것을 말한다.
▷ **화상**(和尙)은 '화합을 숭상한다'는 뜻이며, 승랍 10년 이상의 비구 스님을 높여서 부르는 말이다. 글에서 '和上'은 '和尙'이 옳은 것 같다.
▷ **비구**(比丘)는 범어의 음역이며, '걸사(乞士)'라는 뜻으로 출가하여 구족계(具足戒)를 받은 남자스님을 말한다. 구족계를 받은 여자스님은 '비구니'라고 부른다.

▷**사미**(沙彌)는 구족계를 받지 않은 남자스님이고, 사미니(沙彌尼)는 구족계를 받지 않은 여자스님을 말한다.

(2) 적음을 믿고 많음을 비방함

〖요기〗

①

第二 愚者(제이 우자)

然佛道廣蕩 無礙無方 永無所據 而無不當

(연불도광탕 무애무방 영무소거 이무부당)

故曰 "一切他義 咸是佛義(고왈 일체타의 함시불의)

百家之說 無所不是 八萬法門 皆可入理"

(백가지설 무소불시 팔만법문 개가입리)

〖한자〗然/㉮ 그러할 연. ㉯ 이(是의 뜻).
　　　廣/넓을 광. 비다. 공허하다.
　　　蕩/쓸어버릴 탕. 넓은 모양. 咸/다(모두) 함.

①
두 번째의 어리석음이다.
이 불도는 텅 비고 넓어,
걸림도 없고 방향도 없어서,
영원히 의거할 것이 없으나,

해당하지 않음이 없다.
그러므로 이르기를, "일체 다른 이의 뜻은
모두 부처님의 뜻이다. 백가[모든 조사들]의 주장이
옳지 않은 바가 없어서, 팔만법문이 모두 이치에
들어갈 수 있는 것이다."라고 하였다.

②
而彼自少聞 專其樣狹見
(이피자소문 전기양협견)
同其見者 乃爲 "是得" 異其見者 咸謂 "脫失"
(동기견자 내위 시득 이기견자 감위 탈실)
猶如有人 葦管窺天(유여유인 위관규천)
謂 "諸不窺 其管內者 皆是不見 蒼天者矣"
(위 제불규 기관내자 개시불견 창천자의)
是 謂恃小 誹多愚也(시 위시소 비다우야)

〖한자〗 而/말 이을 이. 그리하여. 그런데. 그러나.
　　　　 乃/㉮ 이에 내. ㉯ 내. 너. 이. 그.
　　　　 咸/㉮ 다 함. 모두. ㉯ 덜 감(줄이다).
　　　　 脫/벗을 탈. 失/잃을 실.
　　　　 ※탈실(脫失) : 벗어나고 잃다. 葦/갈대 위. 恃/믿을 시.

②
그러나 저들은 스스로 적게 듣고,

오로지 그 모양새 좁은 견해로,
그들의 견해와 같으면,
이들에게 "바르게 얻었다." 하고,
그들의 견해와 다르면,
모두에게 "벗어나서 잃었다."라고 말한다.
마치 어떤 사람이 갈대 대롱으로 하늘을 보면서,
"모두 그 대롱 안으로 보지 않는다면,
다 같이 푸른 하늘을 보지 못할 것이다."
라고 말하는 것과 같은 것이다.
이것을 '적음을 믿고
많음을 비방하는 어리석음'이라고 말한다.

4. 세계와 인간의 존재방식

〖해설〗

이 논서의 제1문은 '죄가 가벼움과 죄가 무거움'에 대해 해설한 것이다. 그 중에 제3절은 '상품의 죄'를 계정혜의 세 부문에서 세 쌍으로 밝혔다. 그리고 여기『화엄경』·『해심밀경』·『유가사지론』의 말씀에 의해 **유와 무에 대한 지혜 · 중도 · 악취공**(惡取空)**· 마음의 작용 · 모든 법의**

세 가지 성상(性相)·유사(唯事) 등 색법과 심법을 광범위하게 논하였다. 이런 이유로 필자가 글의 제목을 유식론(唯識論)의 입장에서 「세계와 인간의 존재방식」이라고 하였다.

이 글은 깨달음의 지혜를 설한 것으로 그 뜻이 넓고 깊다. 깨달음을 향해 정진하는 불자들이 반드시 읽어보아야 할 내용이다. **전예도인·극사사문에게** 보라는 듯이 서술한 것 같기도 하다. 원효성사가 특별히 전하는 글이니, 자신의 수행을 점검하면서 반복하여 읽어보기 바란다. 사유하면서 읽고 또 읽어 이해하게 되면, 신심이 더욱 깊어질 것이다. 믿음과 이해가 깊어지면, 돛단배가 순풍을 만나듯이 환희심으로 정진할 것이다.

1) 『화엄경』에 의하는데 병을 얻는가?

〖요기〗 『화엄경』에 의하여 질문함
①
問 如經言(문 여경언)
"譬如貧乞兒 日夜數他寶 不能如說行 多聞亦如是"
(비여빈걸아 일야수타보 불능여설행 다문역여시)
又言 "若有人 分別婬癡及道 是人去佛遠 猶如天與地"

(우언 약유인 분별음치급도 시인거불원 유여천여지)

①
묻겠다.
『화엄경』「보살문명품」에서 말씀하신 것과 같다.
"비유하면, 마치 가난한 거지 아이가
밤낮으로 다른 사람의 보물을 세는 것과 같아서,
말씀과 같이 행하지 않는다면,
많이 듣기만 하는 것도, 또한 이와 같다."
또, 말씀하셨다. "만약 어떤 사람이
음탕함과 어리석음과 도를 분별만 한다면,
이 사람은 부처님과 떨어져 먼 것이
마치 하늘과 땅과 같은 것이다."

②
是知 多聞有所得見 與乞兒近 去佛道遠.
(시지 다문유소득견 여걸아근 거불도원)
雖曰 "得意" 而不忘言(수왈 득의 이불망언)
橫求名利 甚於俗人 其墮偏執 事在灼然
(횡구명리 심어속인 기타편집 사재작연)
〖한자〗灼/사를 작. 밝다. 훤하다.

②
이렇게 알고 있다.
많이 듣기만 하여도 얻을 것이 있다는 견해는,
거지 아이와 가깝고, 불도와는 떨어져 먼 것이다.
비록 뜻을 얻었다고 말할지라도,
말씀[행위에 대한 말씀]을 잊어버리지 않아야 하는데,
멋대로 명예와 이익을 구하는 것이,
세속 사람들보다 심하다면,
그는 치우친 집착[있음에 집착]에 떨어졌으니,
행위에 있어서는 훤한 것이다.

③
今我學徒 與彼一殊(금아학도 여피일수)
不殉名利 捐棄俗事 深信佛法 專求寂靜
(불순명리 연기속사 심신불법 전구적정)
唯樂隨分 修心潔行 驗知所解 非邪是正.
(유요수분 수심결행 험지소해 비사시정)

〖한자〗 殊/㉮ 죽일 수. ㉯ 다르다. 특히. 유달리.
　　　 殉/따라 죽을 순. 구하다. 捐/버릴 연. 棄/버릴 기. 그만두다.
　　　 樂/㉮ 풍류(음악) 악. 즐길 락. ㉯ 樂/좋아할 요(바라다. 원하다).

③

지금 우리 학도들은 저들과는 하나같이 다르다.
명예와 이익을 탐내지 않고, 세속의 일을 버리고,
불법을 깊이 믿고, 오로지 고요함만을 구하면서,
오직 분수에 따라서 마음을 닦고
행위를 깨끗이 하기를 좋아하니,
이해하는 바가 삿되지 않고 바르다는 것을
경험으로 알 수 있다.

④

且復 執有曰增 取無曰損.

(차부 집유왈증 취무왈손)

我所趣宗 有無俱遣 肅然無據 以爲所觀

(아소취종 유무구견 숙연무거 이위소관)

觀狀如是 何得爲患(관상여시 하득위환)

〖한자〗宗/마루 종. 근본. 肅/엄숙할 숙. 고요하다.
　　　　據/의거할 거. 의탁하다. 患/근심 환. 걱정. 고통. 재난.
　　　　병(病). 병을 앓다.

④

또다시, 있음에 '집착함'을 증(增)이라 말하고,
없음을 '취함'을 손(損)이라고 말한다.

우리들은 나아갈 바의 근본을,
있음과 없음을 함께 버리고,
고요하여 의탁할 것이 없음으로 관할 바를 삼는다.
관하는[이해하는] 상태가 이와 같은데,
어떻게 병을 얻게 되겠는가?

〖해설〗 **부족한 앎의 질문**

불법에 대하여 완전하게 이해하지 못하는 사람이 유와 무에 대한 이해에 대하여 자신의 앎을 말하고, 무슨 이유로 '어떻게 병을 얻게 되는가?'라고 질문한다. 그러나 '이렇게 알고 있다'는 것은 부족한 앎이므로 결국 '부족한 앎의 질문'이다.

〖해설〗 ② **많이 듣기만 하여도 얻을 것이 있다는 견해**

이 사람은 이미 유무를 분별하고, 그 유에 집착하여, 견해를 갖고 있는 경우이다. 여기서도「유무의 분별 → 집착(취함) → 견해 → 논리의 인식체계」가 적용된다. '얻을 것이 있다'는 것은 '분별'에 해당하고, '많이 듣는다.'는 것은 '집착'에 해당한다. 이와 같이 분별하고 집착하여 '있음에 집착하는 견해'를 갖게 된다.

〚해설〛 있음에 집착함 · 없음을 취함
▷ **'있음에 집착함'**이란, 객관적으로 '얻을 것이 있다는 것'에 마음을 두고 애착하는 것이며, **'없음을 취함'**이란, '도무지 없다는 것'을 주관적으로 취하는 것이다.

〚해설〛 있음과 없음을 함께 버리고
 '유와 무에 대한 바른 지혜'를 알지 못하는 이들은 이 세상에 존재하는 것은 모두 버리니, 공성으로 존재하는 현상 및 분별과 집착의 병까지 다 버려, 도무지 있을 것은 한 가지도 없게 된다. 그들은 이와 같이 버리고 난 뒤에 적정함을 즐긴다고 말한다. 그러나 이들은 분별과 집착의 병은 버렸지만, 또다시 허무의 병을 얻게 된 것이다. 이 병이 가장 위험하다.

〚요기〛 지혜의 대답
①
答 逐名利者 背道向俗 其爲失理 何足可惜
(답 축명리자 배도향속 기위실리 하주가석)
堪絕世網 將趣道方 服藥成疾 甚爲可傷
(감절세망 장취도방 복약성질 심위가상)
且 覺自迷者 非大迷矣 知自闇者 非極闇矣

(차 각자미자 비대미의 지자암자 비극암의)

〚한자〛何/어찌 하. 무엇. 어떤. 얼마.
　　足/㉮ 발 족. ㉯ 충족할 족 ㉰ 지나칠 주.
　　惜/아낄 석. 아깝다. 가엾다. 且/또 차. 장차. 우선. 이에(此).
　　知/알 지. 인정하다.

①
답하겠다.
명예와 이익을 좇는 자는,
도를 등지고 세속을 향하여,
그 도리를 잃게 되었으니,
얼마나 지나치고 가엾은가?
감히 세속의 그물을 끊어버리고,
장차 도의 방향으로 나아가고자,
약을 먹었는데 병을 얻었으니,
매우 마음 아파할 만하다.
우선, 자신의 미혹에서 깨어나면,
크게 미혹한 것이 아니요,
자신의 어둠을 인정하면,
심하게 어두운 것이 아니다.

②
設使子之心行 不違法相 實不誹撥 依他道理故

(설사자지심행 불위법상 실불비발 의타도리고)

不執有而 不墮無者(불집유이 불타무자)

子自離邊 玄會中道 不在彼類 那忽跳赴

(자자이변 현회중도 부재피류 나홀도부)

〚한자〛 設/베풀 설. 세우다.
　　　※설사(設使) : 가령(가정해서 말하여). 만일.
　　　※법상(法相) : 법의 본성과 현상. 법의 성상(性相)
　　　　玄/검을 현. 그윽하다. 깊이 숨다. 忽/소홀히 할 홀. 갑자기. 문득.
　　　　跳/뛸 도. 달아날 도. 赴/나아갈 부.

②
가령 그대의 마음작용이,
법의 성상에 위배되지 않는다면,
실로 다른 것에 의지하는 도리[依他道里]를
비방하여 밀쳐버리지 않을 것이기 때문에,
있음에도 집착하지 않고,
없음에도 떨어지지 않을 것이다.
그대 스스로 변을 여의고,
중도(中道)를 그윽이 알면,
저 [없다는] 부류에 속하지 않으니,
어찌 문득 [그들로부터] 달아나가겠는가?

〚해설〛 ② 연기의 완전한 깨달음

 불교는 깨달음의 종교라고 말한다. 그리고 그 깨달음을 사회적 실천으로 회향하는 것을 가장 가치 있는 삶으로 삼는다. 그것을 '상구보리 하화중생'이라고 표현한다. 그렇다면 그 깨달음이란 무엇인가? 부처님이 깨달으시고 무상보리를 성취하셨다는 '**연기**(緣起)'라고 하는 데에 이의를 제기하는 사람은 없다. 연기를 좀 더 구체적으로 나타내면, 인연생기(因緣生起)이다. 정신적 물리적 일체의 법(현상과 작용)은 '원인과 조건들로 생겨난다.'는 말이다.

 연기는 '**불교의 세계관**'이니, '**세계와 인간의 존재방식**'이다. 그러므로 세계와 인간의 모든 문제는 연기의 법칙을 벗어나지 않는다. 연기의 법칙이 적용되지 않는 것이 있으면 진리라고 말할 수 없는 것이다. 그렇다면 연기를 통해 무엇을 깨닫는다는 것인가?

▷ **연기의 완전한 깨달음** : 연기를 깨닫는다는 것은, '모든 현상은 원인과 조건으로 생겨나는 것임을 깨달았다.'라는 수준에 머물지 않는다. 연기의 완전한 깨달음은 연기즉공(緣起卽空)·제행무상(諸行無常)·제법무아(諸法無我)·열반적정(涅槃寂靜)·삼성의 도리·중도 등 연기에서 도출되는 모든 이치를 다 깨닫는 것을 말한다. 더 나아가 '일체경계 본래일심'의 도리까지 깨닫는

것이다.

▷ **연기의 완전한 깨달음을 얻은 사람** : 연기의 완전한 깨달음을 얻은 사람은 ②**의 글에서 말한 것처럼**, 마음작용이 법의 성상[진실]에 위배되지 않고, 의타의 도리[연기의 도리]를 버리지 않고, 있음과 없음의 양변을 여의고 중도의 자리에 있으며, 양변을 여의지 못한 부류들과 본질적으로 다르기 때문에 그들을 피해 달아나지도 않는다. 또, '세계와 인간의 존재방식'에 대하여 일체의 의혹이 없고, 발심에서 물러나지 않는다.

또한, 아래 ③**의 글에서 말한 것처럼**, 바르지 않은 견해를 가진 사람들로부터 달아날 것이 없지만, 중도만을 옳다고 고집하지도 않는다. 왜 그러한가? '일체경계 본래일심'의 도리를 아는 까닭에 다른 법을 긍정하여 받아들이는 것이다.

③
雖然 自是於中 而非於他者 還墮邊執 猶非淨智
(수연 자시어중 이비어타자 환타변집 유비정지)
如經偈云(여경게운)
"不肯受他法 是名愚癡人(불긍수타법 시명우치인)
諸有戱論者 皆是大愚人(제유희론자 개시대우인)

若依自是見 而生諸戲論 (약의자시견 이생제희론)
設此爲淨智 無非淨智者"(설차위정지 무비정지자)

③
비록 그러하지만[달아날 것이 없지만],
스스로 중도(中道)만을 옳다 하고,
다른 것을 아니라고 하면,
도리어 변에 집착하는 데에 떨어져
오히려 청정한 지혜가 아닐 것이다.

경의 게송에서 말씀하신 것과 같다.
"다른 법을 긍정하여 받아들이지 않으면,
이는 어리석은 사람이라고 이름한다.
모든 쓸데없이 논함[戲論]이 있는 자는
모두 크게 어리석은 사람이다.
만약 자신만이 옳다는 견해에 의해
모든 쓸데없이 논함을 내어,
가령 이것을 청정한 지혜로 삼는다면
청정한 지혜가 아닌 것이 없을 것이다."

④

設使子之見解 墮惡取空 誹撥緣有
(설사자지견해 타악취공 비발연유)

亦撥其無 最極損減(역발기무 최극손감)

〚한자〛 惡/ ㉮ 악할 악. 잘못. 바르지 아니한 일. ㉯ 미워할 오.
※악취공(惡取空) : 공을 잘못 취함. 허무로 취함.

④

만약 그대의 견해가
악취공[공을 잘못 취함]에 떨어져서
연으로 있는 것을 비방하여 물리쳐버리고,
또, 그 없음도 물리쳐버린다면,
제일 극도로 없음을 취하는 것이다.

〚해설〛 ④ 악취공 · 악취공자

▷ **악취공**(惡取空) : '공을 잘못 취함'이라고 번역한다. '성품이 공하다'라는 공성(空性)을 잘못 이해하여, '아무것도 없다'라는 뜻으로 아는 것이다. 예를 들면, 우리가 인식하는 대상은 여러 조건에 의지하여 존재한다는 뜻으로 연기(緣起) 또는 의타기상(依他起相: 유식론)이라고 부른다. 이 인식하는 대상에 대하여 어떤 사람은 '실체로서 얻을 것이 있음에 집착[增益]하는 견해'를 가지

고, 어떤 사람은 '실체로서 얻을 것이 없음[損減]을 취하는 견해'를 가진다. 그런데 악취공의 견해를 가진 사람은 앞의 둘을 다 버리면서, 의타기상 자체까지 허망한 것이라며 물리쳐버리고, 허망하다는 것도 허망하니, 일체가 다 허망하다고 한다. 그러므로 글에서 **'극도로 없음을 취하는 것이다.'**라고 하였다.

▷ **악취공자**(惡取空者 : 악취공의 견해를 가진 사람)는 현대의 언어로 말하면 허무론자(虛無論者)이다. 불교의 공사상을 잘못 알게 되면, 엄연히 존재하는 현실을 부정하는 악취공자·허무론자가 되어 삶을 긍정적으로 바라보지 못한다. 불교의 공(空)·무상(無常)·무아(無我) 등의 언어가 범부에게는 부정적이거나 허무한 개념으로 들릴 수도 있을 것이다. 그러나 **저 말 없는 언어들로부터 무한히 빛나는 생명의 소리를 듣는 자**가 인생을 긍정적인 자세로 살아가고 깨달음에 이를 수 있다는 것을 알아야 한다.

⑤
而不自覺者 唯子最遠於道 乃還近於乞兒
(이부자각자 유자최원어도 내환근어걸아)
如乞兒云(여걸아운)

"多寶者富 少財者貧(다보자부 소재자빈)
我無多寶 亦無少財(아무다보 역무소재)
肅然無據 故我非貧"(숙연무거 고아비빈)
今子所言 與彼同焉(금자소언 여피동언)

〖한자〗肅/엄숙할 숙. 고요하다. 원문에는 簫(퉁소 소)이나 교정함.

是知(시지)
無多無少者(무다무소자)
最極貧窮也(최극빈궁야)
撥有撥無者(발유발무자)
最極損減也(최극손감야)

⑤
그러면서도 스스로 깨닫지 못하면
오직 그대는 도에서 제일 멀어져서,
이에 도리어 거지 아이와 가까우니,
거지 아이가,
"보배가 많은 자는 부유하고,
재물이 적은 자는 가난하다.
나는 많은 보배도 없고,
또, 적은 재물도 없으니,

고요하여 의탁할 것이 없다.
그러므로 나는 가난하지 않다."
라고, 말한 것과 같을 것이다.
지금 그대가 말한 것은 저와 같지 않은가.

이렇게 알아야 한다.
많음도 없고 적음도 없으면,
제일 극도로 가난한 것이다.
있음도 물리쳐버리고,
없음도 물리쳐버리면,
제일 극도로 없음을 취하는 것이다.

⑥
然 至道昏昏 是非莫分 心行密密 得失難別
(연 지도혼혼 시비막분 심행밀밀 득실난별)
唯有宿殖善根 稟性質直 深伏我慢 近善知識者
(유유숙식선근 품성질직 심복아만 근선지식자)
仰依聖典 以爲心鏡 自內審觀 熟微心行
(앙의성전 이위심경 자내심관 숙미심행)
若能如是之人 幸治惡取空病
(약능여시지인 행치악취공병)

〖한자〗昏/어두울 혼.
　　　※혼혼(昏昏) : 정신이 가물가물하고 희미함.
　　　　　　　　　　그윽하고 그윽함(깊숙하여 아늑하고 고요함).
　　　莫/㉮ 저물 모. ㉯ 없을 막.　密/빽빽할 밀. 깊숙하다. 숨기다.
　　　※밀밀(密密) : 촘촘한 모양. 깊고 깊음.

⑥
그러하지만
지극한 도는 그윽하고 그윽하여,
옳고 그름을 분간할 수가 없고,
마음의 작용은 깊고 깊어,
얻음과 잃음을 분별하기가 어렵다.
오직 숙세에 심은 선근이 있어서,
타고난 성품이 순박하고 정직하며,
아만을 깊이 항복 받고,
선지식을 가까이하는 자만이,
성스런 경전을 우러러 의지하고,
마음의 거울로 삼아서,
자신의 내면을 자세히 관찰하여,
미세한 마음의 작용을 알 것이다.
만약 이와 같이 할 수 있는 사람이라면
다행히 악취공의 병을 치료할 것이다.

⑦
向說 "諸佛所不化者" 爲欲令彼 自內驚改
(향설 제불소불화자 위욕령피 자내경개)
是故 還爲諸佛所化 以"不化"言 使自化故
(시고 환위제불소화 이불화언 사자화고)
〖한자〗驚/놀랄 경. 당황하고 두려워하다.

⑦
지난날 "모든 부처도 교화하지 못할 것이다."
라고, 말한 것은,
저들로 하여금 자신의 안에서 놀라게 하여
고치도록 하려는 것이다.
그러므로 도리어
모든 부처님이 교화하신 바가 된 것이니,
'교화하지 못한다.'는 말로써
스스로 교화하게 하신 때문이다.

2)『해심밀경』에 의해 마음의 병을 살피라

〖요기〗 어떤 경전을 의지할까요?
問 若欲於此 自察心病 依何等典 最爲明鏡

(문 약욕어차 자찰심병 의하등전 최위명경)

묻겠다. 만약 여기에서
스스로 마음의 병을 살피고자 한다면,
어떤 경전을 의지해야 가장 밝은 거울로 삼겠는가?

〖요기〗 마음의 병은 『해심밀경』에 의지하라.
①
答 如解深密經言
(답 여해심밀경언)
"若諸有情 性非質直 非質直類
(약제유정 성비질직 비질직류)
雖有力 能思擇廢立 而復安住 自見取中
(수유력 능사택폐립 이부안주 자견취중)
聽聞甚深 密意之說 而無力 能如實解了
(청문심심 밀의지설 이무력 능여실해료)

①
답하겠다.
『해심밀경』에서 말씀하신 것과 같다.
만약 모든 중생들 중에서

성품이 순박하고 정직하지 않다면,
순박하고 정직하지 않은 부류는
비록 생각하고 선택하고 버리고
건립할 수 있는 힘이 있을지라도,
다시 자신의 견해로 취한 가운데에 안주하니,
매우 깊은 비밀한 뜻의 말씀[경전]을 듣고,
여실히 이해하고, 알 수 있는 힘이 없게 된다.

②

於如是法 雖生信解(어여시법 수생신해)
而於其義 隨言執著(이어기의 수언집착)
謂 "一切法(위 일체법)
決定皆無自性(결정개무자성)
決定不生不滅(결정불생불멸)
本來寂靜 自性涅槃"(본래적정 자성열반)

〚한자〛著/㉮ 분명할 저. ㉯ 붙일 착.
　　※집착(執著) : 잡아서 달라붙음.

②

이와 같은 법에 대하여
비록 믿음과 이해를 낼지라도,

그 뜻에 대해서는 말을 따라서 집착하여,
"일체의 법은 모두 자성이 없다고 결정되었으며,
생겨나지도 않고 소멸하지도 않는다고 결정되어,
본래 적정하여 자성이 열반이다."라고 말한다.

③
由此因緣 於一切法(유차인연 어일체법
獲得無見 及無相見(획득무견 급무상견)
由是見故 撥一切相(유시견고 발일체상)
皆爲無相 誹撥諸法 三種性相
(개위무상 비발제법 삼종성상)

③
이러한 인연으로 말미암아,
일체의 법에 대하여
아무것도 없다[無]는 견해와
양상도 없다[無相]는 견해를 얻고,
이러한 견해로 말미암은 때문에
일체의 양상을 물리쳐버리고,
모두가 무상이라고 하며,
모든 법의 세 가지 성상을

비방하여 물리쳐버린다.

④

何以故(하이고)

由有依他起相 及圓成實相故 故遍計所執相 方可施設

(유유의타기상 급원성실상고 고변계소집상 방가시설)

若於二相 見爲無相 彼亦誹撥 遍計所執相

(약어이상 견위무상 피역비발 변계소집상)

是故 說 "彼誹撥三相"(시고 설 피비발삼상)

⑤

彼雖於法 起信解故 福德增長

(피수어법 기신해고 복덕증장)

然於非義 起執著故 退失智慧

(연어비의 기집착고 퇴실지혜)

智慧退故 退失廣大 無量善法

(지혜퇴고 퇴실광대 무량선법)

〖한자〗 ※퇴실(退失) : 물러나다.

④

어떤 이유 때문인가?

의타기상과 원성실상이 있음으로 말미암은 때문에,

따라서 변계소집상이 비로소 세워질 수 있는 것이다.
만약 두 가지 상에 대하여 양상이 없다고 본다면,
저들은 또한 변계소집상을 비방하여 물리쳐버린다.
그러므로 "저들은 세 가지 성상을
비방하여 물리쳐버린다."라고 말하는 것이다.

⑤
저들이 비록 법에 대하여
믿음과 이해를 일으키는 때문에 복덕이 증장하지만,
그러나 뜻이 아닌 것에 집착을 일으키는 때문에
지혜에서 물러나게 되고,
지혜에서 물러나기 때문에
광대하고 무량한 선법에서 물러나게 되는 것이다.

〖해설〗 **변계소집상 · 의타기상 · 원성실상**

유식론(唯識論)에서는 모든 법의 세 가지 양상(樣相: 사물이나 현상의 모양이나 상태]을 변계소집상 · 의타기상 · 원성실상으로 분석하였다.

▷ **변계소집상**(遍計所執相) : 두루[이리저리] 헤아려[遍計] 집착하는 바의 양상[所執相]이다. 연기의 이치를 모르는 망념으로 경계를 마주하여 이리 저리 헤아려 실재하는 어떤 것으로 착각하고 이름을 지어 분별하고 집착하

는 바의 허상[幻]을 변계소집상이라고 한다. **망념으로 인한 의식의 대상은 변계소집상이며, 이는 실재하지 않는 허상이다.** 유식론은 이 허상을 중심으로 논한다.

▷ **의타기상**(依他起相) : 여러 조건에 의지하여[依他] 일어나는 양상[起相]이다. 의타기상은 개체의 연기(緣起)를 말한다. 연기의 양상을 의타기상이라고 하며, 변계소집상을 일으키는 바탕이다. **변계소집상은 허상이지만 의타기상은 실재한다.**

▷ **원성실상**(圓成實相) : 법계에 원만하게 이루어진[圓成] 청정한 실상(實相)이다. 변계소집상은 의타기상에 의해 일어나고, 의타기상의 본성은 원성실상이다. 그러므로 원성실상은 실재한다. **의타기상은 연기법의 자성에 대하여 말하는 것이고, 원성실상은 모든 법의 적멸한 본성**[法性]**을 말하는 것이다.**

▷ **새끼줄의 비유** : 새끼줄을 뱀으로 오인한 것이 변계소집상이며, 이는 실재하지 않는 것이다. 뱀으로 오인한 새끼줄은 여러 갈래의 짚을 연하여 이루어진 성상이니 의타기상이라 하며, 이는 변계소집상의 바탕이며, 실체가 없는 상태로 존재한다. 뱀으로 오인하든지[환상], 새끼줄이든지[색법], 그 근원은 불변하는 실체가 없으며, 실체가 없이 법계에 가득하므로 '원성실상'이라고 한다.

여기서 **버려야 할 것은 변계소집상**이며, 현실에서 작용하는 현상인 의타기상과 그 본성인 **원성실상은 버려야 할 것이 아니며, 버려지는 것도 아니다.**

3) 『유가사지론』· 악취공자를 멀리하라

〖요기〗『유가사지론』의 말씀

①

瑜伽論云 如有一類(유가론운 여유일류)

聞說難解 "空性相應"(문설난해 공성상응)

未極顯了 密意趣義 甚深經典

(미극현료 밀의취의 심심경전)

不能如實解 所說義趣

(불능여실해 소설의취)

起不如理 虛妄分別 由不巧便 所引尋思

(기불여리 허망분별 유불교편 소인심사)

起如是見 立如是論(기여시견 입여시론)

〖한자〗顯/나타날 현. 드러나게 하다. 명백히. 분명하게.
　　　 趣/달릴 취. 향하다. 뜻(意). 巧/공교할 교. 잘 하다. 기묘하다.
　　　※교편(巧便) : 교묘한 방편.

①
『유가사지론』[진실의품]에서 말씀하셨다.
어떤 한 부류가 있어서, "공성이 상응한다."라고
이해하기 어렵게 말씀하신 것을 듣고서,
비밀한 뜻과 의미가 매우 깊은 경전[말씀]을
끝까지 분명하게 알지 못하고,
설한 바의 의미와 뜻을 여실히 이해할 수 없으니,
이치에 맞지 않은 허망한 분별을 일으켜서,
좋지 않은 방편으로
끌어들일 바를 살피고 사유함으로 말미암아,
이와 같은 견해를 일으켜서,
이와 같은 논리를 내세운다.

〖해설〗「경」의 뜻을 따라서 「논」을 번역해야 한다.
▷『해심밀경』
 "㉮매우 깊은 ㉯비밀한 뜻의 ㉰말씀[경전]을 듣더라도
 ㉱여실히 이해하고 ㉲알 수 있는 힘이 없게 된다."
▷『유가사지론』
 "㉯비밀한 뜻과 의미가 ㉮매우 깊은 ㉰경전[말씀]을
 끝까지 분명하게 ㉲알지 못하고,
 설한 바의 ㉯의미와 뜻을 ㉱여실히 이해할 수

㉲없으니,"

▷ **위의 글에서** : ㉰말씀과 경전은 같은 말이며,「경」의 ㉮와 ㉯,「논」의 ㉯와 ㉮는 말씀과 경전을 수식하는 말이다.「경」의 ㉱와「논」의 ㉰는 경전을 이해하는 능력을 나타내고,「경」의 ㉲와「논」의 ㉲는 이해할 수 없음을 나타낸 것이다. **이와 같이**「경」의 뜻을 따라서「논」을 지은 것이니, 둘을 비교하여, 글의 뜻이 서로 어긋나지 않도록 번역해야 한다.

▷ **유무의 분별→집착(취함)→견해→논리**
위의 **본문에서** "이치에 맞지 않은 허망한 **분별**을 일으켜서, 좋지 않은 방편으로 끌어들일 바[명(名)·의(義)·자성(自性), 차별(差別)]를 살피고 사유함[**집착**]으로 말미암아, 이와 같은 **견해**를 일으켜서, 이와 같은 논리를 내세운다."

▷ 있음과 없음을 **분별**하여, **집착**하거나 취하고, 그것에 대하여 확신을 갖는 **견해**를 일으켜서, 그 견해를 정당화하기 위하여 **논리**를 내세운다.「유무의 분별→집착(취함)→견해→논리」, 이것이 본서 및 불교를 이해하는 인식체계 중의 하나이다.

〖요기〗

②

"一切唯假 是爲眞實 若作是觀 名爲正觀"
(일체유가 시위진실 약작시관 명위정관)

彼於虛假 所依所處 實有唯事 撥爲非有
(피어허가 소의소처 실유유사 발위비유)

是則 一切虛假 皆無(시즉 일체허가 개무)

何當得有"一切唯假 是爲眞實"
(하당득유 일체유가 시위진실)

〖한자〗處/살 처. 머물러 있다. 唯/오직 유. 비록 ~하더라도.

②

[저들은 말하기를] "일체는 오직 거짓일 뿐이니,
이것을 진실로 삼아야 한다.
만약 이러한 관을 지으면 정관이라고 이름한다."
저들은 허망하고 거짓된 것이
의지하는 바이고 머무는 바인
실제로 있는 유사[實有唯事]도
있지 않다고 물리쳐버린다.
이렇다면 일체는 허망하고 거짓된 것이어서
모두가 없다는 것인데,

어떻게 "일체는 오직 거짓일 뿐이니,
이것을 진실로 삼아야 한다."라는 것이
마땅히 있을 수 있겠는가?

〖해설〗 ② 실제로 있는 유사[實有唯事]

▷ **실유유사(實有唯事)** : '실제로 있는[사실의] 유사'라고 번역하니, '변계소집성[허상]'은 해당하지 않고, '의타기성[실재]'이나 '원성실성[실재]' 중에 하나를 말하는 것이다.

▷ **유(唯)** : **유식**(唯識)[범어, 'vijñapti(식)-mātra(유)], 유심(唯心)[범어, citta(심)-mātra(유)] 등에서 쓰는 말과 같다. 유(唯)에는 「㉮ 이 법은 다른 법과 다르다(簡別). ㉯ 이 법이 있다고 결정되었다(決定). ㉰ 이 법의 수승함을 나타내 보인다(顯勝).」라는 의미를 지니고 있다.

▷ **사(事)** : 유가행파에서 오온(五蘊) 등의 법(法)을 의미하는 데에 사용하는 특별한 용어이다. 사(事)는 인식의 대상을 말하는 것으로 범어로는 'vastu'라고 한다.

※ **유사** : 유사(唯事)는 범어로 'vastu-mātra'이다. 유식의 관법[止觀法]인 사심사관(四尋思觀), 즉 명(名)·의(義)·자성(自性)·차별(差別)의 관념[망념으로 인식하는 관념]을 소멸하고 관하는 인식대상이 '의타기성'이다. 그러므로

'실유유사(實有唯事)'는 '실제로 있는 '의타기성'을 말하는 것으로 보아야 한다. 의타기성은 말을 떠난 자성[離言自性]이다.

〖해설〗『유가사지론』의 삼매수행

『유가사지론』의 삼매수행은 작의 · 니밋따 · 유사, 이 세 개념을 중심으로 이루어진다. ㉮ **작의**(作意)는 깨어 있는 정신으로 인식대상에 관심을 집중하는 마음작용이다. 작의는 사심사관을 행한다. ㉯ **니밋따**(nimitta)는 인식대상이며, 삼매를 성취하기 전의 표상(表相: 외부 세계의 대상을 마음속에 나타내는 것)이다. ㉰ **유사**(唯事)는 삼매로 성취하는 의타기성[唯識性]이다.

〖해설〗 염불의 삼매수행

염불의 삼매수행은 작원 · 일상관 · 아미타, 이 세 개념을 중심으로 이루어진다. ㉮ **작원**은 정토에 왕생하기를 원하여 정토의 경계[인식대상]에 관심을 집중하는 마음 작용이다. ㉯ **일상관**은 염불삼매를 얻기 위한 방법이며, 일상(日想)의 모습은 삼매의 상태가 아니다. ㉰ **아미타**는 일상관의 수행으로 얻는 삼매의 상태다. 일상관은 인식대상에만 한정하는 것이고, 아미타[무량광]는 글의 뜻처럼 무량한 광명을 감득하는 것이다.

▷ **두 삼매수행은 비슷하다** : 필자의 경험으로는 『유가사지론』과 염불수행의 삼매수행은 비슷하지만 염불수행의 삼매수행이 훨씬 쉽다. 일상관이라는 유상유념(有相有念)의 도를 수행하기 때문이다. 『유가사지론』의 삼매수행은 현재 위빠사나 삼매수행의 골격을 이루고 있다.

③
由此道理(유차도리)
彼於眞實 及與虛假 二種俱謗 都無所有
(피어진실 급여허가 이종구방 도무소유)
當知 是名最極無者(당지 시명최극무자)

如是無者 一切有智 同梵行者 不應共住
(여시무자 일체유지 동범행자 불응공주)
世尊 依此密意 說言(세존 의차밀의 설언)
"寧如一類 起我見者 不如一類 惡取空者"
(영여일류 기아견자 불여일류 악취공자)

③
이러한 도리로 말미암아 저들은

진실과 더불어 허망하고 거짓된 것에 대하여,
두 가지를 모두 비방하여
도무지 있을 것이 없게 된다.
마땅히 알아야 하니,
이들을 가장 극단적인 허무론자라고 부른다.

이와 같은 허무론자와는
일체 '지혜가 있고 청정한 행을 같이하는 자'는
마땅히 함께 머물지 말아야 한다.
부처님께서 이 비밀한 뜻에 의해 말씀하셨다.
"차라리 한 부류의
아견을 일으키는 자와 같을지라도,
한 부류의 악취공자와는 같지 않아야 한다."

④
云何 名爲惡取空者(운하 명위악취공자)
謂有沙門 或婆羅門(위유사문 혹바라문)
由彼故空 亦不信受 於此而空 亦不信受
(유피고공 역불신수 어차이공 역불신수)
如是 名爲惡取空者(여시 명위악취공자)

④
어떤 것을 악취공자라고 부르는가?
사문 혹은 바라문이 있어서,
저것[변계소집상]으로 말미암은 때문에
공이라는 것도 또 믿어 받아들이지 않고,
이것[의타기상·원성실상]에서 공이라는 것도
또 믿어 받아들이지 않는 것을 말한다.
이와 같은 것을 '악취공자'라고 이름한다.

⑤
何以故(하이고)
由彼故空 彼實是無 於此而空 此實是有
(유피고공 피실시무 어차이공 차실시유)
由此道理 可說爲空(유차도리 가설위공)
若說 一切都無所有 何處 何者 何故 名空
(약설 일체도무소유 하처 하자 하고 명공)
亦不應言 "由此 於此卽 說爲空"
(역불응언 유차 어차즉 설위공)
是故 名爲惡取空者 乃至廣說
(시고 명위악취공자 내지광설)

〖한자〗卽/ 곧 즉. 따르다. 뒤를 좇다.

⑤
무엇 때문인가?
저것으로 말미암은 때문에 공이라는 것은
저것[변계소집상]은 실제로 없다는 것이고,
이것에서 공이라는 것은
이것[의타기상·원성실상]은 실제로 있다는 것이니,
이러한 도리로 말미암아
공을 설할 수 있게 되는 것이다.
만약 일체가 도무지 있을 것이 없다고 설한다면,
어느 곳에서, 어떤 것으로, 무엇 때문에
공이라고 이름하겠는가?
또 "이것[의타기상·원성실상]으로 말미암아,
이것을 따라서 공을 설하게 된다."
라고, 말하지 말아야 한다.
그러므로 [그렇게 말하므로] 악취공자라고 이름한다.
[이상은 『유가사지론』] 이렇게 자세히 설하였다.

〖해설〗 '공'이라는 의미

　불교에서 흔히 말하는 '공(空)' 또는 '무(無)'라는 의미는 망념의 인식대상인 '변계소집상'에 대하여 말하는 것이다. 그런데 실제로 있는 의타기상과 원성실상까지를 포함하여

"일체의 양상은 허무한 것이다."라고, 말하는 사람이 있으니, 이를 '악취공자'라고 이름한다. **악취공자는 곧 '허무론자'**이며, 공을 잘못 취하는 사람이다.

〖요기〗 제1 경중문을 마침
且止傍論 還結本宗 持犯輕重 略相如前
(차지방론 환결본종 지범경중 약상여전)

이제 곁가지로 논한 것을 그치고,
본래의 근본으로 돌아가 맺는다.
[보살계를] 지님과 범함에서 [죄가] 가벼움과 무거움의
대략적인 양상은 앞[앞에서 설명한 것]과 같다.

〖해설〗 곁가지로 논한 것

이 장의 앞글은 본래「제1문 죄가 가벼움과 죄가 무거움」의「제2장 계의 차별을 하나씩 밝힘」중에「**제3절 상품의 죄는 사자 몸속에 벌레**」를 계정혜의 세 부문에서 세 쌍으로 밝힌 것이다. 그 마지막에 '증익과 손감의 견해'를 해설하는 글을 이어서, 불자로서 반드시 알아야 하고, 특히 전예도인과 극사사문이 알아야 할 것을 서술하다보니 본론에서 벗어나 곁가지가 되었다고 하였다.

그러나 이 곁가지만한 거목도 드물 것이다. 불교의 나무가 워낙 큰 까닭이다. "정토의 지혜 나무는 그 그늘이 4만 리를 덮는다."라고 말씀하신 것이 이를 증명한다. 이것으로 제1 경중문을 마친다.

제2 천심문
지님과 범함에 대한 이해의 얕음과 깊음

〚요기〛

次第二 明持犯淺深者

(차제이 명지범천심자)

乘前所說 讚毁之戒 以顯持犯 淺深之相

(승전소설 찬훼지계 이현지범 천심지상)

〚한자〛乘/탈 승. 타다. 기회 따위를 이용하다.
　　　　제도, 교화하는 방편.　※승(乘) : 둘 한 쌍. 넷 한 쌍.

다음에 두 번째 문은,
지님과 범함에 대한 이해의 얕음과 깊음을 밝혔다.
앞에서 설한 바의 칭찬하고 훼손하는 계를
넷 한 쌍으로 지님과 범함[에 대한 이해]의

얕음과 깊음의 양상을 밝힌 것이다.

〖해설〗 제2 천심문

▷ **천심문**(淺深門) : 아래의 글들을 살펴보면, '[계를] 지님과 범함에 대한 이해의 얕음과 깊음의 문'으로 이해하는 것이 적합하다. 글에서 '지범천심문(持犯淺深門)'이라고 하였는데, '지범(持犯)'은 '천심문'을 설명한 것이다.

▷ **제1장**은 '계를 지님과 범함을 다르게 이해'하는 데서, '지혜가 얕은 사람의 인식'과 '지혜가 깊은 사람의 이해'를 설명하였다. **제2장**은 '자찬훼타계에 대한 이해의 얕음과 깊음'을 네 구절로 판별하고 그 결론을 지었다.

▷ **승전소설 찬훼지계**(乘前所說 讚毁之戒)

원문의 이 글에서 승(乘)은 '넷 한 쌍'이라는 뜻을 가지고 있으니, '네 구절을 한 쌍으로 삼다'라는 의미이다. 아래 「칭찬하고 훼손하는 계」의 '지님과 범함에 대한 이해의 얕음과 깊음'이라는 글을 가리키는 것이며, '네 구절을 한 쌍으로 삼아 설명했다'는 뜻이다.

제1장 계를 지님과 범함을 다르게 이해함

〖요기〗
如多羅戒本云(여다라계본운)
"常代衆生 受加毀辱(상대중생 수가훼욕)
惡事自向己 好事與他人(악사자향기 호사여타인)
若自讚揚己德 隱他人好事
(약자찬양기덕 은타인호사)
令他受毀辱者 是爲波羅夷罪"
(영타수훼욕자 시위바라이죄)
依此一文 淺深異解 何者(의차일문 천심이해 하자)

〖한자〗 加/더할 가. 처하다. 입다.

『다라계본』에서 말씀하신 것과 같다.
"항상 중생을 대신해 훼손과 욕됨에 처함을 받고,
나쁜 일은 스스로 자신에게 향하도록 하며,
좋은 일은 다른 사람에게 돌려주어야 한다.
스스로 자기의 덕을 찬양하면서,
다른 사람의 좋은 일을 숨기고,
다른 사람으로 하여금 훼손과 욕됨을 받게 한다면,
이것은 바라이죄[극악의 죄]가 된다."

이 하나의 글에 의해,

얕음과 깊음으로 다르게 이해하니, 어떤 것인가?

제1절 지혜가 얕은 사람의 인식

〖요기〗
下士聞之 齊言取解 自毀讚他 必是福業
(하사문지 제언취해 자훼찬타 필시복업)
自讚毀他 定爲犯罪(자찬훼타 정위범죄)
如是一向 隨言取故(여시일향 수언취고)
將修其福 福行少而罪業多
(장수기복 복행소이죄업다)
欲捨其罪 卻罪一而除福三
(욕사기죄 각죄일이제복삼)
是 謂淺識 持犯過也(시위천식 지범과야)

〖한자〗 士/선비 사. ※선비 : 지혜와 덕행을 갖춘 사람.
　　　※하사(下士) : 지혜가 얕은 사람. 齊/가지런할 제. 같다. 똑같이.
　　　福/복 복. 복 짓다. 罪/허물 죄. 죄 짓다. 過/지날 과. 허물.

지혜가 얕은 사람은 그것[바라이죄]을 듣고,

말과 같이 이해를 취하니,

자신을 훼손하면서 남을 칭찬하면,
반드시 복을 짓는 업이며,
자신을 칭찬하면서 남을 훼손하면,
반드시 죄를 범하게 된다고 한다.

이처럼 한결같이 말을 따라서 취하기 때문에,
장차 그[훼손하면서 칭찬하는] 복을 닦더라도,
복 짓는 행은 적고 죄 짓는 업이 많으며,
그[칭찬하면서 훼손하는] 죄를 버리려고 해도,
죄 하나를 버리면 복 셋을 없애게 된다.
이것을 '지님과 범함을 얕게 인식하는 허물'
이라고 일컫는다.

〖해설〗 **자신을 칭찬하면서 남을 훼손해도 복이 된다.**

 '자신을 칭찬하면서 남을 훼손하는 행위'는 죄를 짓는 업이라고 하여, 그 반대로만 행하는 사람이 있으니, 이는 지혜가 얕은 사람이다. 자신이 경론에 의하여 바른 법을 실천하고 있으면 자신을 칭찬하고, 남이 계정혜의 정업에 어긋나는 행위로 불법을 어지럽히는 것을 보면 당당하게 비판해야 한다.
 예를 들면, 자신이 복 짓는 일은 숨기면서, 남이 복 짓는 일을 칭찬하지만, 그들의 범계행위는 모르는 척한다면, 결국 스스로 복 짓는 행은 적고 죄 짓는 업만 많게 된다. 그러므로 '자신을 칭찬하면서 남을 훼손하는 행위'는 죄라고 하여, 그 죄를 짓지 않으려고 하지만, 그 죄 하나를 버리면 계정혜의 정업을 닦게 하는 복 셋을 없애는 것이다.

 계를 지니고 범하는 데에 있어서도, 불법을 위하고 대중을 위하여, '자신을 칭찬하면서 남을 훼손한다면', 하나의 죄를 짓는 것 같지만 세 가지 복을 짓게 되는 줄을 알아야 한다. **하나의 죄**는 계본의 말과 같이 이해하여 계를 어기는 것이요, **세 가지 복**은 뜻을 잡아 이해하여 불법을 위하고 대중을 위하는 것이라고 알면 지혜가 얕은 사람이 아닐 것이다.

제2절 지혜가 깊은 사람의 이해

〖요기〗
上士聞之 掬解意趣(상사문지 국해의취)
擧一隅 便以三隅而反 就一文 每用四句而判
(거일우 변이삼우이반 취일문 매용사구이판)

由是審別 無所濫故 無福而遺 無罪而辨
(유시심별 무소람고 무복이유 무죄이변)

是謂深解 持犯德也(시위심해 지범덕야)

『한자』 ※상사(上士) : 지혜가 깊은 사람. 掬/움켜잡을 국.
反/되돌릴 반. 도리어. 대답하다. 隅/모퉁이 우. 모서리.
審/살필 심. 濫/㉮ 퍼질 람. ㉯ 혼동하다. 잘못 판단하다.
遺/끼칠 유. 후세에 전하다. 잃다. 버리다. 辨/분별할 변.
※분별(分別) : 옳고 그름이나 좋고 나쁨을 판단하여 구별함.

지혜가 깊은 사람은 그것[바라이죄]을 듣고
뜻을 잡아 이해하니,
한 모서리를 들어 보이면
문득 세 모서리로 답하고,
한 문장에 나아가면
매번 네 구절을 써서 판별한다.

이렇게 살펴서 분별함으로 말미암아
혼동하는 바가 없기 때문에,
복을 지어도 [그 복을] 잃음이 없고,
죄를 지어도 [그 죄를] 분별함이 없다.
이것을 '지님과 범함을 깊게 이해하는 덕'
이라고 일컫는다.

〖해설〗 지혜로운 사람은 집착하거나 분별하지 않는다.

　지혜로운 사람은 '자신의 공덕을 훼손하면서 남을 칭찬하는 행위'로 복을 지어도 그 복됨에 집착하지 않기 때문에 지은 복을 잃지 않는다. 지혜로운 사람은 바른 불법을 위해 '자신을 칭찬하고 남을 훼손하는 행위'로 죄를 지어도, 죄와 죄 아닌 것과 나와 남을 분별함이 없다. 분별함이 없기 때문에 업신여기지 않는다.

제2장 자찬훼타계에 대한 이해의 얕음과 깊음

〖요기〗 네 구절의 판별
言四句 而判者(언사구 이판자)
或有 自毀讚他 是福 自讚毀他 是罪
(혹유 자훼찬타 시복 자찬훼타 시죄)
或有 自毀讚他 是罪 自讚毀他 是福
(혹유 자훼찬타 시죄 자찬훼타 시복)
或有 若毀讚 若讚毀 或罪 或福
(혹유 약훼찬 약찬훼 혹죄 혹복)
或有 非毀讚 非讚毀 或福 或罪
(혹유 비훼찬 비찬훼 혹복 혹죄)

네 구절[四句]로 말하여 판별하겠다.
[제1구] 어떤 사람이
자신을 훼손하면서 남을 칭찬하면 복이 되고,
자신을 칭찬하면서 남을 훼손하면 죄가 된다.

[제2구] 어떤 사람이
자신을 훼손하면서 남을 칭찬하면 죄가 되고,
자신을 칭찬하면서 남을 훼손하면 복이 된다.
[제3구] 어떤 사람이
[자신을] 훼손하면서 [남을] 칭찬하거나,
[자신을] 칭찬하면서 [남을] 훼손한다면,
때로는 죄가 되고, 때로는 복이 된다.

[제4구] 어떤 사람이
[자신을] 훼손하거나 [남을] 칭찬하지도 않고,
[자신을] 칭찬하거나 [남을] 훼손하지도 않으면,
때로는 복이 되고, 때로는 죄가 된다.

제1절 복이 되고 죄가 된다

**자신을 훼손하면서 남을 칭찬하면 복이 되고,
자신을 칭찬하면서 남을 훼손하면 죄가 된다.**

〚요기〛 복이 되고 죄가 된다

①
第一句者 如人(제일구자 여인)
深愍衆生受辱 欲引他所受辱
(심민중생수욕 욕인타소수욕)
向己 推自所應受榮 與他
(향기 추자소응수영 여타)
此意 自毀讚他 是福(차의 자훼찬타 시복)

〚한자〛 愍/근심할 민. 근심. 걱정. 불쌍히 여기다.
　　　推/㉮ 옮을 추. 추천하다. 받들다. 공경하다.
　　　　　㉯ 밀 퇴. 앞으로 밀다. 물려주다. 되 물리치다.
　　　辱/욕되게 할 욕. 욕보이다. 욕. 수치.

①
제1구는 어떤 사람처럼
중생이 욕됨을 당함을 깊이 불쌍히 여기고,
다른 사람이 받을 바의 욕됨을 끌어서
자신에게 향하게 하려고,

자신이 마땅히 받을 바의 영광을 밀어
남에게 돌려준다면,
이 뜻은 자신을 훼손하면서
남을 칭찬하는 것이니 복이 된다.

②

若欲自受其榮 令他受辱
(약욕자수기영 영타수욕)
此意 自讚毁他 是罪(차의 자찬훼타 시죄)

②

만약 자신이 그 영광을 받으려고,
남으로 하여금 욕됨을 받게 한다면.
이 뜻은 자신을 칭찬하면서
남을 훼손하는 것이니 죄가 된다.

제2절 죄가 되고 복이 된다

자신을 훼손하면서 남을 칭찬하면 죄가 되고,
자신을 칭찬하면서 남을 훼손하면 복이 된다.

〖요기〗 죄가 되고 복이 된다

①

第二句者 如知 時世風俗所習

(제이구자 여지 시세풍속소습)

多憎自讚毁他之人 每敬自謙 揚他之士

(다증자찬훼타지인 매경자겸 양타지사)

又知毁彼 彼必呰我 我若讚他 他還美我

(우지훼피 피필자아 아약찬타 타환미아)

由此知故(유차지고)

巧求自高 自毁讚他 是爲重罪

(교구자고 자훼찬타 시위중죄)

〖한자〗揚/칭찬할 양. 呰/꾸짖을 자.

①

제2구는 세상의 풍속으로
관습된 것을 아는 것과 같이,
다수는 자신을 칭찬하면서
남을 훼손하는 사람을 미워하고,
언제나 스스로 겸손하고
남을 자랑하는 선비를 공경한다.
또, 저 사람을 훼손한다면

저 사람이 반드시 나를 꾸짖고,
내가 만약 남을 칭찬한다면
남이 도리어 나를 칭찬한다는 것을 안다.
이러한 앎으로 말미암은 때문에
교묘하게 자신이 높아짐을 구하려고
자신을 훼손하면서 남을 칭찬하면,
이것은 무거운 죄가 된다.

②

若知他人 所執非理 可捨 自內所解 是道應修
(약지타인 소집비리 가사 자내소해 시도응수)
直欲建立佛法 饒益有情 自讚毀他 是爲大福
(직욕건립불법 요익유정 자찬훼타 시위대복)

〖한자〗饒/넉넉할 요. 益/더할 익. 유익하다.
　　　※요익(饒益) : 풍요하여 조금도 불편함이 없음.
　　　※요익중생(饒益衆生) : 중생을 이익 되게 함.

②
만약 다른 사람이 집착하는 바가
도리가 아닌 줄 알면 버리게 하고,
자신이 안으로 이해하는 바가
바른 도라면 마땅히 닦아서,

바로 불법을 건립해 중생을 이익 되게 하려고,
자신을 칭찬하면서 남을 훼손하면,
이것은 큰 복이 된다.

제3절 때로는 죄가 되고 때로는 복이 된다

자신을 훼손하면서 남을 칭찬하거나,
자신을 칭찬하면서 남을 훼손한다면,
때로는 죄가 되고, 때로는 복이 된다.

〖요기〗 때로는 죄가 되고, 때로는 복이 된다.
①
第三句者 如有一類(제삼구자 여유일류)
性多誑僞 爲欲誑惑 世間諸人
(성다광위 위욕광혹 세간제인)
凌他所長 覆自所短(능타소장 복자소단)
由此意故(유차의고)
作矯亂言 毁己所長爲過 讚他所短爲功
(작교란언 훼기소장위과 찬타소단위공)
揚己多短德 抑他所長爲失

(양기다단덕 억타소장위실)

〖한자〗誑/속일 광. 僞/거짓 위. 凌/업신여길 릉. 抑/억누를 억.

①
제3구는 어떤 한 부류처럼
성품이 다분히 속이고 거짓되어서,
세간의 많은 사람들을 속이고 현혹하려고
남의 장점을 업신여기고
자신의 단점을 덮어 둔다.
이러한 뜻으로 말미암은 때문에
교묘하고 혼란스런 말을 지어서,
자신의 장점은 허물이 된다며 훼손하고,
남의 단점은 공덕이 된다고 칭찬한다.
자신의 많은 단점은 공덕이라며 드러내고
남의 장점은 과실이라고 억누르는 것이다.

②
又 有一類(우 유일류)
稟性質直 爲欲開導 世間諸人 識善別惡 捨罪修福
(품성질직 위욕개도 세간제인 식선별악 사죄수복)
由斯志故(유사지고)

直言無僻 見自惡而必呰 聞他善而卽歎

(직언무벽 견자악이필자 문타선이즉탄)

覺己德而還褒 知彼罪而直貶

(각기덕이환포 지피죄이직폄)

〖한자〗稟/받을 품. 僻/㉮ 후미질 벽. ㉯ 피하다.
　　　呰/꾸짖을 자. 歎/읊을 탄. 노래하다. 탄식하다. 칭찬하다.
　　　褒/칭찬할 포. 貶/떨어뜨릴 폄. 물리치다. 내치다.

③

前人 毀讚揚抑 直是誑諂之罪

(전인 훼찬양억 직시광첨지죄)

後士 呰歎褒貶 並爲忠直之福也

(후사 자탄포폄 병위충직지복야)

〖한자〗諂/아첨할 첨.

②

또, 한 부류는
타고난 성품이 순박하고 정직하여서
세간의 많은 사람들을 깨우쳐 인도하려고,
착함을 인식하고 악함을 분별하여
죄를 버리고 복을 닦는다.
이러한 뜻으로 말미암은 때문에

직언을 피하지 않으며,
자신의 악행을 보면 반드시 꾸짖고,
남의 선행을 들으면 곧 찬탄한다.
자신의 공덕을 알면 도리어 칭찬하고
다른 사람의 죄를 알면 바로 내친다.

③
앞의 사람은
자신을 훼손하면서 남을 칭찬하지만,
자신을 자랑하면서 남을 누르는 것이니,
바로 속임과 아첨의 죄가 된다.
뒤의 선비는
자신을 꾸짖으면서 남을 칭찬하고,
자신을 칭찬하면서 남을 내치지만,
아울러 충언과 직언의 복이 된다.

제4절 때로는 복이 되고 때로는 죄가 된다

자신을 훼손하거나 남을 칭찬하지도 않고,
자신을 칭찬하거나 남을 훼손하지도 않으면,

때로는 복이 되고, 때로는 죄가 된다.

〖요기〗 때로는 복이 되고 때로는 죄가 된다

①
第四句者 如有高士(제사구자 여유고사)
性是弘懿 放神抱朴 不知端倪
(성시홍의 방신포박 부지단예)
混禍福而歸一 忘彼我爲無二 其神常樂
(혼화복이귀일 망피아위무이 기신상락)
遊是處故 亦不自毁讚他 亦不自揚抑彼
(유시처고 역부자훼찬타 역부자양억피)

〖한자〗 ※고사(高士) : 지덕(지혜와 복덕)이 높은 선비.
懿/아름다울 의. 훌륭하다. 깊다.
端/㉮ 바를 단. ㉯ 끝. 실마리. 倪/어린이 예. 끝.

①
제4구는 어떤 지덕이 높은 선비처럼
성품이 넓고 깊으며,
마음을 놓아버리고 감싸고 소박하니
처음과 끝을 알 수가 없다.
재앙과 복덕을 혼융하여 하나로 돌아가게 하며,
상대와 나를 잊어 둘이 없으니

그의 마음이 언제나 즐겁다.
이러한 곳에서 즐겁게 지내기 때문에
또한, 자신을 훼손하거나 남을 칭찬하지도 않고,
자신을 드러내거나 상대방을 억누르지도 않는다.

②

又 有下愚(우 유하우)

稟性純朴 莫知是非 難別菽麥

(품성순박 막지시비 난별숙맥)

不識善之爲善 不了惡之爲惡 其意常昏

(불식선지위선 불요악지위악 기의상혼)

忘憎愛故 亦無自謙美他 復無自褒貶他

(망증애고 역무자겸미타 부무자포폄타)

③

此爲下愚 渾鈍之罪(차위하우 혼둔지죄)

彼是上智 純朴之福也(피시상지 순박지복야)

〖한자〗 ※하우(下愚) : 지혜가 낮은 사람. 渾/흐릴 혼.
　　　　鈍/무딜 둔. 무디다. 어리석다.

②

또, 지혜가 낮은 사람은
타고난 성품이 순박하지만,

옳고 그름을 알지 못하는 것이
콩과 보리를 분별하기 어려울 정도이다.
착함과 착하게 되는 것을 알지 못하고,
악함과 악하게 되는 것을 분명하게 알지 못하니,
그의 마음이 언제나 어둡다.
미움과 사랑도 잊어버린 때문에
또, 스스로 겸손하거나 남을 칭찬하는 일도 없고,
다시, 자신을 칭찬하거나 남을 꾸짖는 일도 없다.
③
이것은[아래서 말한 것은]
지혜가 낮은 사람의 흐리고 무딘 죄가 된다.
저것은[위에서 말한 것은]
지덕이 높은 선비의 순박한 복이 된다.

제5절 사구의 판별에 대한 결론

〖요기〗 사구의 판별에 대한 결론
①
是謂四句 以判罪福(시위사구 이판죄복)
依前兩句(의전양구)

則福業變作重患 罪行更爲大善
(즉복업변작중환 죄행갱위대선)
尋後二句(심후이구)
則誑語與忠談 無隔 上智共下愚 同迹)
(즉광어여충담 무격 상지공하우 동적)

〖한자〗 更/㉮ 고칠 경. ㉯ 다시 갱.

①
이것은 네 구절로 죄와 복을 판별한 것이다.
앞의 제1구와 제2구에 의해서는
복을 짓는 업이 변하여 무거운 우환을 짓게 되고,
죄를 짓는 행위가 다시 큰 선행이 된다는 것이다.
뒤의 제3구와 제4구를 살펴보면
속이는 말과 충고하는 말은 차이가 없고,
지덕이 높은 선비는 지혜가 낮은 사람과 함께
행적이 같다는 것이다.

②
是知(시지)
行者持犯之要 只應微察自之得失
(행자지범지요 지응미찰자지득실)

不可輒判他之德患(불가첩판타지덕환)
持犯淺深意趣然矣(지범천심의취연의)

〖한자〗 輒/㉮ 문득 첩. ㉯ 번번이. 때마다.

②
이렇게 알아야 한다.
수행자가 [계를] 지니고 범하는 요체는
다만 마땅히 자신의 얻음과 잃음을
세밀하게 관찰하는 것이지,
때마다 남의 공덕과 우환을
판별할 것이 아니라는 것이다.
[보살계를] 지님과 범함[에 대한 이해]의
얕음과 깊음의 뜻도 그러한 것이다.

〖해설〗 ① 네 구절로 죄와 복을 판별함
　제1구와 제2구는 「자찬훼타계」에 의해서,
　'자신을 훼손하고 남을 칭찬하는 행위'는 복을 짓는 업이지만, 자신의 이익을 위한 얄팍한 행위이기 때문에 오히려 우환을 짓게 된다는 것이다.
　또, '자신을 칭찬하고 남을 훼손하는 행위'는 죄를 짓는 업이지만, 불법을 위하고 상대를 위한 행위이기 때문에 오히려 큰 선행이 된다는 것이다.

제3구와 제4구는 「자찬훼타계」에 의해서,

'자신을 훼손하고 남을 칭찬하거나, 자신을 칭찬하고 남을 훼손하는 말은 같을지라도, 그 뜻에는 남을 속이는 말이 있고, 남을 위해 충고하는 말이 있다는 것이다.

또, 지덕이 높은 선비와 지혜가 낮은 사람은 둘 다 '자신을 훼손하거나 남을 칭찬하지도 않고, 자신을 드러내거나 상대방을 억누르지도 않는 것'으로 그 행위가 같다는 것이다.

왜냐하면, **지덕이 높은 선비**는 '상대와 나를 잊어 둘이 없으니, 그의 마음이 언제나 즐겁기 때문'이고, **지혜가 낮은 사람**은 '그의 마음이 언제나 어둡고, 미움과 사랑도 잊어버린 때문'이라는 것이다.

제3 명구경지범문
구경의 경지에서 지님과 범함을 밝힘

〖요기〗

第三 明究竟持犯者(제삼 명구경지범자)

세 번째 문은
구경의 경지에서 지님과 범함을 밝혔다.

〖해설〗 제3 명구경지범문

▷ **명구경지범문**(明究竟持犯門) : '구경의 경지에서 지님과 범함을 밝힌 문'이다. '구경의 경지'란 사리(事理)를 끝까지 추구한 경지를 말한다.

제1장은 '계의 특성인 자체상과 유사'에 대해서 밝혔다. 계의 특성을 여실히 알고 계를 지녀야 범함이 없이 지

계바라밀에 나아갈 수 있다고 하였다. 제2장은 '보살의 다섯 가지 지계바라밀'을 해설하였다. 여기서 말한 지계바라밀은 일심의 근원으로 돌아가는 지혜의 정업이다.

제1장 계의 특성

제1절 계의 자체상은 있지 않다

〖요기〗
①
雖依如前所說法門(수의여전소설법문)
能識輕重之性 兼知淺深之狀
(능식경중지성 겸지천심지상)
而於戒相 不如實解 於罪非罪 未離二邊者
(이어계상 불여실해 어죄비죄 미리이변자)
不能究竟 持而無犯 不趣淸淨 戒波羅蜜
(불능구경 지이무범 불취청정 계바라밀)
〖한자〗 邊/가 변. 가장자리. 끝.

①
비록 앞에서 설한 것과 같은 법문에 의하여
죄가 가벼움과 무거움의 성질을 잘 인식하고,
겸하여 이해의 얕음과 깊음의 상태를 알지라도
계의 특성에 대해서 여실히 알지 못하거나,
죄와 죄가 아닌 것에 대한
두 변을 여의지 못하는 사람은,
구경의 경지에서 지닌다 해도
범함이 없지 않을 것이며,
청정한 지계바라밀에 나아가지 못할 것이다.

〖요기〗

②

其故 何耶然(기고 하야연)

戒不自生 必託衆緣故 決無自相
(계부자생 필탁중연고 결무자상)

卽緣非戒 離緣無戒(즉연비계 이연무계)

除卽除離 不得中間(제즉제리 부득중간)

〖한자〗卽/곧 즉. 가까이하다. 따르다.
  ※즉(卽) : 바꾸어 말하면. 예) 色卽是空 空卽是色.
   緣/연줄 연. 어떤 일이 일어나는 조건.
  ※자상(自相) : 자체상. 불변하는 자체의 모습.

②
그 이유가 어째서 그러한가?
계는 스스로 생겨나는 것이 아니며,
반드시 여러 연에 의탁하기 때문에
결코 자체상이 없는 것이다.
연을 따르면 계[자체상]가 아니고
연을 떠나도 계[자체상]가 없으며,
따름을 제외하고 떠남을 제외한
중간에서도 얻지 못하는 것이다.

③
如是求戒 永不是有(여시구계 영불시유)
可言自性 不成就故(가언자성 불성취고)
而託衆緣 亦不無戒 非如兎角 無因緣故.
(이탁중연 역불무계 비여토각 무인연고)
如說戒相 罪相亦爾 如戒罪相 人相亦然
(여설계상 죄상역이 여계죄상 인상역연)

③
이와 같이 계를 구해도 영원히 있지 않으니,
자성이라 말할 만한 것을 성취할 수 없기 때문이다.

그러나 여러 연에 의탁하면 또, 계가 없지도 않으니, 토끼의 뿔같이 인연이 없는 것은 아니기 때문이다. 계의 특성을 설한 것같이 죄의 특성도 또 그러하고, 계와 죄의 특성같이 사람의 특성도 또한 그러하다.

〖해설〗 계의 특성인 자체상

① 제1문에서 죄가 가벼움과 죄가 무거움의 성질을 잘 인식하고, 제2문에서 계를 지님과 범함에 대한 이해의 얕음과 깊음의 상태를 잘 알았다고 하자. 그러나 **계의 특성**에 대하여 여실히 알지 못하거나, **죄와 죄가 아닌 것의 양변**을 여의지 못하는 사람은, 사리를 끝까지 추궁한 경지에서 계를 지닌다고 해도 범할 수가 있다. 그리고 청정한 지계로 일심의 근원으로 돌아가는 데에 장애가 있을 것이다. **계의 특성 중에 첫 번째는 자체상에 대한 것이다.**

② 계는 계와 계 아닌 것이 차별되는 자체상[自相]이 있어서 생겨나는 것이 아니다. 계를 설함을 듣거나, 계본을 연하여 **보리심**을 일으키고, 수계의식을 받는 등 여러 연에 의하여 계의 정업을 일으키는 것이다. 연을 떠나서는 계의 자체상을 얻을 수 없다. 이런 뜻에서 '계의 자체상은 있지 않다'라고 말하는 것이다.

③ 스스로 존재하는 계의 자체상을 구해도 영원히 있지

않지만, 토끼 뿔처럼 영원히 없는 것도 아니다. **보리심을** 일으키는 등 여러 연이 화합하면 죄업과 차별되는 정업을 짓기 때문이다. 그러므로 '계가 없지도 않다'라고 말한 것이다.

계의 자체상이 있지 않은 것처럼, 죄라는 것도 불변하는 죄의 자체상이 있어서가 아니라 죄의 연에 의해 악업을 짓는 것이다. 사람도 마찬가지이다. 본래 사람 아닌 것과 차별적인 자성이 있어서 사람이라고 부르는 것이 아니라 사람다운 행위를 할 때 참 사람이 되는 줄을 알아야 한다.

〖해설〗 **계의 자체상에 대한 이해**

만약 계의 자체상이 있다면, 계가 아닌 자체상이 있게 되어, **계와 계 아닌 것의 양변을 여의지 못하게 되니**, 계의 정업을 닦을 수 없는 사람이 있을 것이다. 만약 계의 자체상을 영원히 얻을 수 없다면 누구도 계의 정업을 닦을 수 없을 것이다. 그러나 계의 자체상이 없지만, 연에 의하여 계의 자성이 생겨나니 정업을 행할 수 있는 것이다.

제2절 계의 유사는 실재한다

〖요기〗
①
若於此中(약어차중)
依不是有 見都無者(의불시유 견도무자)
雖謂無犯 而永失戒 誹撥戒之唯事相故
(수위무범 이영실계 비발계지유사상고)

만약 이 중에[계의 특성 중에]
있지 않다는 데에 의해
도무지 없다고 보게 된다면,
비록 범함이 없다고 말할지라도
영원히 계를 잃게 되는데,
계의 유사[의타기성]의 특성[相]을
비방하여 밀쳐버리기 때문이다.

②
又 於此中(우 어차중)
依其不無 計是有者(의기불무 계시유자)
雖曰能持 持卽是犯 違逆戒之如實相故

(수왈능지 지즉시범 위역계지여실상고)

〖한자〗 ※여실상(如實相 : 여실한 특성) : 원성실상.

또, 이 중에
그 없지도 않다는 데에 의해
있다고 헤아리게 되면,
비록 잘 지닌다고 말할지라도
지니면서 곧 범하게 되는데,
계의 여실한 특성을 어기기 때문이다.

〖해설〗 **계의 유사는 실재한다.**

① '모든 법에서 얻을 것이 없다'라는 견해에 의해, 변계소집상·의타기상·원성실상이 도무지 없다고 보게 된다면, 비록 계를 범함이 없다고 말할지라도, 영원히 계를 잃게 된다. 왜냐하면, 앞에 「제1문」의 끝에서 해설한 **유사**(唯事), 곧 '**의타기성인 자성**'도 없다는 견해를 갖기 때문이다.

모든 법이 불변하는 차별적 자성이 없듯이, 계도 또한 그러하여, 계와 계가 아닌 것의 차별적 자성이 없는 것이다. 그러나 인연이 화합하여 계의 정업을 행할 때는, 계의 유사(唯事) 즉, '의타기성인 자성'이 작용하는 것이니, 유사가 없는 것도 아니다. 그러므로 유사가 없다고 버리게 되면 영원히 계를 잃게 된다.

② '모든 법에서 얻을 것이 있다'라는 견해에 의해, 실체로서의 자성이 있다고 헤아리게 되면, 비록 잘 지닌다고 말할지라도, 지니면서 범하게 된다. 왜냐하면 **원성실상을 어기기 때문이다.**

모든 법의 여실한 특성은 원성실상이듯이 계의 여실한 특성도 원성실상이다. 만약 계에 불변하는 차별적 자성이 있다고 헤아리면, 모든 법의 여실한 특성인 원성실상을 어기는 것이다.

제2장 보살의 다섯 가지 지계바라밀

제1절 계의 유사를 버리지 않는다

〖요기〗
菩薩修戒 則不如是(보살수계 즉불여시)
雖不計有 能持所持 而不誹撥 戒之唯事
(수불계유 능지소지 이불비발 계지유사)
是故 終無失戒巨過(시고 종무실계거과)

보살이 계를 닦는 것은 이와 같지 않다.
비록 계를 지니는 자와
지닐 것이 있다고 헤아리지는 않을지라도
계의 유사[實有唯事:自性]를
비방하여 밀쳐버리지 않는다.
그러므로 끝내 계를 잃는 큰 허물이 없다.

〖해설〗 계의 유사를 버리지 않는다.

　보살은 계를 지니는 자에게 불변하는 실체로서의 자아가 있다고 보지 않으며, 계도 차별적 자성이 있다고 보지 않는다. 그러나 계의 '의타기성인 자성'을 말하는 '유사'를 부정하지 않기 때문에, 궁극의 경지에서 계의 정업을 행하게 되고 계를 범하는 큰 허물이 없게 된다.

제2절 계의 실상을 어기지 않는다

〖요기〗
雖不見 無罪與非罪 而不違逆 戒之實相
(수불견 무죄여비죄 이불위역 계지실상)
是故 永離犯戒細罪(시고 영리범계세죄)
〖한자〗 違/어길 위. 逆/거스를 역. 어기다.

비록 죄와 죄가 아닌 것이
없음을 보지는 못할지라도
계의 실상을 어기지 않는다.
그러므로 계의 미세한 부분을
범하는 죄도 영원히 멀리한다.

〖해설〗 계의 실상을 어기지 않는다.

  보살은 죄의 자성과 죄 아닌 것의 자성이 없음을 보지는 못하지만 계의 실상을 어기지 않는다. 왜냐하면, 모든 법은 그 본성이 원성실상이므로 계의 실상도 또한 그러하다고 믿기 때문이다. 원성실상은 적정(寂靜)이니, 계의 실상도 번뇌가 소멸한 적멸(寂滅)이요, 진실이다. 보살은 진실로써 계의 정업을 행하니 미세한 부분을 범하는 죄도 영원히 짓지 않는다.

제3절 계의 양변에 떨어지지 않는다

〖요기〗
由是巧便 深智方便(유시교편 심지방편)
永忘三輪 不墮二邊(영망삼륜 불타이변)

方趣 具足戒波羅蜜(방취 구족계바라밀)

如經言(여경언)

"罪非罪不可得故 應具足戒波羅蜜"

(죄비죄불가득고 응구족계바라밀)

〖한자〗 ※교편(巧便) : 선교방편(善巧方便): 중생의 수준이나 능력에 따라 그들을 잘 교화할 수 있는 여러 가지 훌륭한 수단과 방법.
　　　　※삼륜(三輪) : 계를 지니는 자, 지닐 바의 계, 계의 정업.

이런 선교방편과 깊은 지혜방편으로 말미암아
영원히 삼륜을 잊고 양변에 떨어지지 않으니,
비로소 지계바라밀을 구족하는 데에 나아간다.
경에서 말씀하신 것과 같다.
"계와 계가 아닌 것은 얻을 수가 없기 때문에,
마땅히 지계바라밀을 구족한다."

〖해설〗 계의 양변에 떨어지지 않는다.

　보살은 계의 정업을 짓게 하는 **선교방편**과 계의 중도와 실상의 **지혜방편**으로 말미암아 계를 지니는 자·지닐 바의 계·계의 정업을 잊고, 죄와 죄 아닌 것의 양변에 떨어지지 않으니, 비로소 지계바라밀을 구족해 나아간다. 만약 계와 계 아닌 것을 분별하여, 계에 집착하거나 계 아닌 것을 싫어하는 양변에 떨어지면 계를 범하게 되어 지계바라밀에 나아갈 수 없다.

제4절 계는 부처의 본원 보살의 근본이다

〚요기〛『범망경』「서분」의 말씀 중에서
①
戒本云(계본운)
"戒光 從口出 有緣非無因 非色非心
(계광 종구출 유연비무인 비색비심)
非有非無 無因果法(비유비무 무인과법)
諸佛之本原 菩薩之根本"
(제불지본원, 보살지근본)
〚한자〛 口/입 구. 사람의 입. 식구. 사람. 구멍.

①
『다라계본』[범망경 서분]에서 말씀하셨다.
"계광이 입으로부터 나오니,
연이 있어서 인이 없는 것도 아니며,
물질도 아니고 마음도 아니며,
있는 것도 아니지만 없는 것도 아니어서,

인과의 법이 아니지만
모든 부처의 본원이고, 보살의 근본이다."

【해설】계광이란 무엇인가?
『범망경』의 「서분」에서 이와 같이 말씀하셨다.
「여러 보살도 법계(法戒)를 외우라.
그러므로 계광이 입으로부터 나오니,
연이 있어서 인이 없는 것도 아니며,
광광(光光)은 푸른 것도, 노란 것도,
붉은 것도, 흰 것도, 검은 것도 아니며,
물질도 아니고 마음도 아니며,
있는 것도 아니지만 없는 것도 아니어서,
인과의 법이 아니지만(중략)
모든 부처님의 본원이고, 보살도를 행하는 근본이며,
대중인 모든 불자의 근본이 되는 것이다.
그러므로 대중인 모든 불자는 마땅히 수지하고,
마땅히 독송하며 잘 배워야 한다.
모든 부처의 본원이고, 보살의 근본이다.」

【해설】
▷ **계광**(戒光) : 『범망경보살계본사기』에서 해설하였다.

「계광이라고 말한 것은 비유로 이름을 삼은 것이다. 계는 오염을 여의어 밝고 청정하며, 어둠을 깨뜨릴 수 있기 때문이며, 광명과 비슷한 뜻이 있다. 그러므로 비유로 이름을 삼은 것이라고 말한 것이다.」

▷ **계광이 입으로부터 나오니** : 『범망경보살계본사기』에서 해설하였다. 「'입에서 광명을 놓으신다.'는 것은, 구업으로 계법을 설하려고 하신 때문에, 마땅히 입 안에서 광명을 놓으시는 것이다. 나머지 업으로 하려는 것이 아니기 때문에, 나머지[신업, 의업]의 광명을 놓지 않는 것이다.」

▷ **입은 광명의 출구, 계법을 설하는 연** : 부처님은 청정한 계를 지녀 입에서 광명이 나오고, 입은 계법을 설하는 연으로 삼는다. 사람마다 청정한 계를 지니고, 계법을 설하면 부처님과 더불어 광광이 되니, 경에서 '광광'이라고 말씀하신 것이다.

▷ **연이 있어서 인이 없는 것도 아니다** : 『범망경보살계본사기』에서 해설하였다. 「(갈마, 칠증사 등) 계를 설하는 연(緣)이 있기 때문에 '연이 있다'라고 한 것이다. '인이 없는 것도 아니다'라고 한 것은, 발생할 바의 보리심의 인(因)이 없지 않기 때문에 '인이 없는 것도 아니다'라고 한 것이다.」

〖요기〗『범망경』의 「서분」을 해설함

②

此中 言戒光者(차중 언계광자)

爲顯戒之與光 無二無別 明淨雜染 同一味故

(위현계지여광 무이무별 명정잡염 동일미고)

故 緣戒光 顯戒實相(고 연계광 현계실상)

②

이 중에 '계광'이라고 말한 것은,

계와 더불어 광명은 둘이 없고,

[일체 중생이] 차별이 없음을 나타내어,

청정과 [다양한 근기가] 섞여서 물듦이

다 같은 한 맛임을 밝히기 위한 때문이다.

그러므로 계광을 연하여

계의 실상을 나타낸 것이다.

〖해설〗 ② 계와 더불어 광명은 둘이 없다.

계와 광은 따로 있는 것이 아니라, 계가 곧 광명이며, 계광은 일체 중생이 차별이 없음을 나타내어 '부처와 보살의 청정'과 '다양한 근기가 섞여 살면서 물든 일체 중생'은 다 같이 한 맛임을 밝히기 위한 때문이다. 그러므로 계광을 연하여 계의 실상을 나타낸 것이다.

③

戒無自性 必藉他緣

(계무자성 필자타연)

故曰 有緣(고왈 유연)

〖한자〗藉/ ㉮ 깔개 자. 깔다. ㉯ 빌다. 꾸다.

③

계는 자성이 없어서
반드시 다른 연을 빌리는 것이다.
그러므로 '연이 있다'라고 말한 것이다.

④

有緣之言 非據是有 直顯不無其所從因

(유연지언 비거시유 직현불무기소종인)

故曰 非無因(고왈 비무인)

④

연이 있다라고 말하는 것은
[입이] 있다는 데에 의거하는 것이 아니라,

그 따르는 바의 [보리심의] 원인이
없지 않음을 바로 나타내 보인 것이다.
그러므로
'인이 없는 것도 아니다'라고 말한 것이다.

⑤

非無因戒性 非質礙 亦非緣慮
(비무인계성 비질애 역비연려)
故曰 非色非心(고왈 비색비심)

⑤

인이 없지 않은 계의 성질은
물질도 아니고, 또 생각을 연하는 것도 아니다.
그러므로
'물질도 아니고 마음도 아니다'라고 말한 것이다.

⑥

雖非色心 而離色心 永不可得
(수비색심 이이색심 영불가득)
雖不可得 而非無戒
(수불가득 이비무계)

故曰 非有非無(고왈 비유비무)

⑥
비록 물질도 마음도 아닐지라도,
물질과 마음을 떠나서 영원히 얻을 수가 없다.
비록 얻을 수가 없을지라도, 계가 없는 것도 아니다.
그러므로
'있는 것이 아니지만 없는 것도 아니다'
라고 말한 것이다.

⑦
雖非無戒 而離果無因 離因無果
(수비무계 이이과무인 이인무과)
故曰 非因果法(고왈 비인과법)

⑦
비록 계가 없는 것이 아닐지라도,
과보를 떼어놓으면 원인이 없고,
원인을 떼어놓으면 과보가 없다.
그러므로 '인과의 법이 아니다'라고 말한 것이다.

⑧
戒爲因性 雖不可得 而諸佛果 必藉戒因
(계위인성 수불가득 이제불과 필자계인)
故言 諸佛之本原也(고언 제불지본원야)

⑧
계는 원인의 성질을 비록 얻을 수 없을지라도,
모든 부처의 과보는
반드시 계의 원인을 빌리는 것이다.
그러므로 '모든 부처의 본원'이라고 말한 것이다.

⑨
戒爲果性 雖不可得 而戒要藉菩提心因
(계위과성 수불가득 이계요자보리심인)
故言 菩薩之根本也(고언 보살지근본야)

〖한자〗 要/구할 요. 원하다. 요구하다. 반드시.

⑨
계는 과보의 성질을 비록 얻을 수 없을지라도,
계는 반드시 보리심의 원인을 빌리는 것이다.
그러므로 '보살의 근본'이라고 말한 것이다.

제5절 계는 처음부터 닦을 것이다

〖요기〗 계를 초발의자가 닦겠는가?

①

問(문)

戒相如是 甚深難解(계상여시 심심난해)

解之尙難 況乎修行(해지상난 황호수행)

故知 如前所說 行相(고지 여전소설 행상)

唯是大地菩薩 所修(유시대지보살 소수)

不關諸新發意 所行(불관제신발의 소행)

〖한자〗 ※행상(行相) : 마음에 비친 객관의 영상을 인식하는 주관의 작용.
　　　※대지보살(大地菩薩) : 초지 이상의 보살.
　　　※신발의(新發意) : 신발의는 초발심과 같은 뜻이다.

①

물어보겠다.
계의 특성은 이와 같이 매우 깊어 이해하기 어렵다.
그것을 이해하는 것도 오히려 어려운데,
하물며 수행하겠는가?
그러므로 알기로는,
앞에서 설한 바와 같은 행상[마음의 작용]은
오직 초지 이상의 보살들만이 닦을 것이지,

모든 '처음 발의한 이'가 행할 것과는
관련되지 않은 것 같다.

〖요기〗 처음부터 얻을 것이 없는 법을 닦아야 한다.
②
答(답)
經中正答 如汝問言(경중정답 여여문언)
"菩薩從初發意已來(보살종초발의이래)
常行無所得法(상행무소득법)
因無所得法故(인무소득법고)
修布施持戒 乃至 因無所得法故 修智慧"
(수보시지계 내지 인무소득법고 수지혜)

②
대답하겠다.
경전 중에 바르게 답하였으니,
그대와 같은 질문에 말씀하신 것이다.
"보살이 '처음 발의함'으로부터 이미 오면서
항상 얻을 것이 없는 법을 행하는 것은
얻을 것이 없는 법을 말미암은 때문이다.
보시와 지계를 닦는 것 내지

얻을 것이 없는 법을 말미암은 때문에
지혜를 닦게 되는 것이다."

【해설】 신발의 · 초발의 · 초발심

▷**신발의 · 초발의** : ①의 글에는 '신발의(新發意)'라고 하였고, ②의 글에는 '초발의(初發意)'라고 하였다. 둘 다 '처음 발의한다.'는 뜻이다. 이 뜻을 아래 ③의 글에서 '신행발취대의(新行發趣大意)' 곧 '처음 큰 뜻을 일으키고 나아가는 데서 행함'이라고 구체적으로 말하였다. 여기서 '큰 뜻'은 '일심의 근원으로 돌아가려는 뜻'이다.

▷**초발심**(初發心) : 보살의 초발심[순리발심]은 비유비무(非有非無)의 이치를 깊이 이해하고, '**무상보리를 원하는 큰 뜻**'을 일으키는 것이다. 곧 「**번뇌가 무수하지만 모두 끊기를 원하고, 선법이 무량하지만 모두 닦기를 원하고, 중생이 무변하지만 모두 제도하기를 원하는 것**」을 말한다.

그러나 여기서는 '계정혜의 정업'을 닦아 일심의 근원으로 돌아가는 것을 큰 뜻으로 삼았기 때문에 '초발심'이라고 하지 않은 것 같다.

② 보살은 처음 발심할 때부터 얻을 것이 없는 법을 닦아 깨달음의 지혜를 성취하려고 수행하는 것이다. 육바라

밀이 다 그러하니 지계바라밀도 다를 것이 없다. 모든 법에 얻을 것이 있다고 집착하는 사람에게는 얻을 것이 없는 법을 닦는다는 것이 쉽지 않을 것이다. 그러나 쉽지 않다고 하여 바른 법을 닦지 않으면, 끝내 지혜를 얻을 수 없을 것이다.

〚요기〛 답을 하신 뜻

③

此答意者(차답의자)
若使彼行 由未曾修(약사피행 유미증수)
難可行故 今不修者(난가행고 금불수자)
今不習故 後亦不修(금불습고 후역불수)
如是久久 彌在其難(여시구구 미재기난)
故令從初 仰習其難(고영종초 앙습기난)
習行漸增 轉成其易(습행점증 전성기이)
是謂新行 發趣大意(시위신행 발취대의)
究竟持犯 略明如是(구경지범 약명여시)

〚한자〛 彌/가득 찰 미. 仰/우러를 앙. 존경하는 마음을 가지다.

③
이렇게 대답하신 뜻은,

만약 저들에게 행하게 하여도
일찍이 닦지 않음으로 말미암아
행하기가 어렵기 때문에
지금 닦지 않는 것이다.
지금 익히지 않기 때문에
뒤에도 또한 닦지 않을 것이다.
이와 같이 오래되면 그 어려움이 가득 찬다.
그러므로 처음부터 그 어려움을
우러르며 익히게 하는 것이니,
익히고 행함이 점점 늘어나면,
더욱더 그 쉬움을 이룰 것이다.
이것을
'처음 큰 뜻을 일으키고 나아가는 데서 행할 것'
이라고 말하는 것이다.

구경의 경지에서 지님과 범함은
대략 이와 같이 밝혔다.

〖해설〗 계는 처음부터 닦을 것이다.

　불교에 귀의하여 신행생활을 하는 불자는 경전에서 말씀하신 부처님의 지혜를 우러러 믿고, 논서의 뜻에 따라 이해를 깊이 하며, 아는 것만큼 행하여, 일심의 근원으로 돌아가도록 정진해야 한다. 이 중에 지계바라밀은 계정혜의 정업으로 일심의 바다를 노저어가는 행과 같다.

③ 지계의 정업은 큰 뜻을 일으킨 처음부터 닦을 것이지, 깨달은 뒤에 닦을 것이 아니다. 처음부터 닦지 않아서 앎과 행이 어긋나면 수행의 이익을 얻을 수 없고, 수행의 이익이 나타나지 않으면 수행하려는 마음에서 물러나 점점 닦기 어려워진다. 과거에 닦지 않았으니 지금 닦기가 어렵고, 지금 닦지 않으면 미래에도 어려울 것이다. 그러므로 그 어려움을 스승으로 삼아 처음 큰 뜻을 일으킨 때부터 계정혜의 정업을 닦아야 한다.

〖해설〗 **전예도인·극사사문이 되지 말라.**

계정혜의 정업을 닦지 않는 불자가 수행의 공덕이 있는 척하려면 불도를 흉내 내는 일이 가장 쉽다. 오랫동안 불도를 흉내 내는 행적을 제멋대로 하여 진실하고 바른 것을 잃어버리면 전예도인(專穢道人)이라고 부른다. 이들은 불법 안에서 불법을 갉아먹는 격이니, 사자 몸 안의 벌레와 같다고 하였다.

계정혜의 정업을 닦지 않는 출가사문이 닦지 않는 이유를 설명하려면 깊은 계를 시대에 맞지 않다고 깎아내리는 것이다. 언제나 깊은 계를 깎아내리며 얄팍한 행위를 구하면 극사사문(剋私沙門)이라고 부른다. 이들은 불법 안에서 불법을 갉아먹는 격이니, 사자 몸 안의 벌레와 같다고 하였다.

전예도인·극사사문은 처음부터 의도적으로 행한 것이 아니다. 처음부터 계정혜의 정업을 닦지 않은 때문에, 그로 말미암아 세월이 흐르면서 나쁜 습관으로 물들여지게 된 것이다. 그러므로 '계는 처음 큰 뜻을 일으키고 나아가는 데서 행할 것'이라고 말한 것은, 곧 '전예도인·극사사문이 되지 말라.'라는 뜻을 담고 있는 것이다.

「유통게」 ||

〚요기〛 유통게

仰依聖典 了義文 粗述戒藏 開要門

(앙의성전 요의문 조술계장 개요문)

普爲法界 燃一燈 願用傳燈 周十方

(보위법계 연일등 원용전등 주시방)

四句三聚 戒圓滿 六意五修 爲成辨

(사구삼취 계원만 육의오수 위성변)

遠離二邊 滅諸罪 等飡一味 遊方外

(원리이변 멸제죄 등찬일미 유방외)

〚한자〛 粗/거칠 조. 대략. 述/지을 술.
　　　※전등(傳燈) : 전하는 등불. 辨/갖출 변. 飡/먹을 찬. 마시다.
　　　※방외(方外) : 형식을 벗어나다. 속세를 초월하다.
　　　※삼취(三聚) : 삼취정계(三聚淨戒)

성전을 우러러 의지하여 분명한 뜻의 글로,
계율장을 대략 서술하여 긴요한 문을 열고,
널리 법계를 위하여 한 등불을 밝혔으니,
바라건대, 전등을 써서 시방에 두루 하여,
사구(四句)로 삼취(三聚)의 계율이 원만해지고,
육의(六意)로 오수(五修)가 갖추어지게 되어,
이변(二邊)을 멀리 여의고 모든 죄를 소멸하여,
평등하게 한 맛을 맛보아 방외에 노니소서.

〖해설〗 유통게

▷**유통게**(流通偈) : 글을 맺으면서 부처님의 말씀인 성전에 의지하여 보살계를 해설한 이 가르침대로 수행하고, 후대에 오래도록 널리 전해지기를 바라는 게송이다.

〖해설〗 사구 · 삼취

▷**사구**(四句) : '칭찬하고 훼손하는 계'에 대한 이해의 얕음과 깊음을 네 구절로 판별한 것을 말한다.

▷**삼취**(三聚) : 삼취는 삼취정계(三聚淨戒)를 말한다. ① **섭률의계**(攝律儀戒)는 삼귀의계, 오계, 십계 등을 받아 지니고 실천하는 것이다. 이 계는 번뇌와 괴로움을 끊고 무상보리가 자라게 한다. ② **섭선법계**(攝善法戒)는

모든 착한 법을 받아 지니고 실천하는 것이다. 이 계는 정법에 의해 지혜롭고 자애로운 덕성을 쌓게 한다. ③ **섭중생계**(攝衆生戒) : 고통 받는 중생을 버리지 않고 그들에게 이익이 되도록 하는 것이다. 이 계는 중생을 교화하여 다 함께 안락한 삶을 이룬다.

〖해설〗 **삼취정계는 계율의 근본정신이다.**

삼취정계는 계율의 근본정신이며, 보살계는 삼취정계로써 발심을 실천한다. 이로써 대승은 어떤 수행문을 선택하여 닦든지 '상구보리 하화중생'의 실현에 있음을 알아야 한다. 근본정신이 바르지 않으면 가는 길이 자신도 모르게 어긋날 수 있다. 정신이 바르면 설령 잠깐 방향을 잃어도 다시 바른 길을 걷게 된다. 지금은 개인이나 종파의 주장이 만연하여 정법을 분간하기 어려운 혼탁한 시대다. 대승의 정체성 계율의 근본정신을 아무리 강조해도 지나치지 않을 것이다.

〖해설〗 **육의 · 오수**

▷ **육의**(六意) : 『보살계본지범요기』의 3문에서 쌍으로 보인 여섯 가지 뜻이다. 즉 제1문의 '죄가 가벼움과 죄가 무거움' 제2문의 '지님과 범함에 대한 이해의 얕음과 깊

음' 제3문의 '구경의 경지에서 지님과 범함', 이 여섯 가지 뜻을 말한다.

▷ **오수**(五修) : 제3문의 제2장에서 보인 '보살의 다섯 가지 지계바라밀'을 말한다.

필자의 후기 ||

　모든 고등종교에는 그 종교에서 요구하는 일정한 행동양식이 있다. 그것은 그 종교의 목적과 가치를 효율적으로 실현하기 위한 것이다. 불교에서는 그것을 계율(戒律)이라고 이름한다. 그렇다면 불교에서 계율은 어떤 의미이며, 그 지위는 어디에 있을까?
　불교의 가르침은 「경율논 삼장(經律論 三藏)」으로 구성되어 있다. 경전은 '부처님의 말씀으로 세계와 인간의 존재방식[연기의 세계관]과 그 지혜와 도(道)를 설하신 것이다. 계율도 부처님의 말씀이며, 종교적 신념으로 지녀야 할 윤리적 행위를 설하신 것이다. 논서는 조사들이 경전과 계율을 알기 쉽게 논리적으로 풀이한 것이다. 이와 같이 계율은 경론과 함께 불교의 가르침을 구성하는 3대 요소 중에 하나이다.

불교에서 계율은 어떤 의미인가? 불교에서의 계율은 불법에 귀의한 불자들을 구속하는 수단이 아니라, 불교의 목적과 가치를 실현하고, 인간관계를 원만하게 하며, 각자가 누릴 수 있는 자유의 지평을 더욱 확대하는 윤리적 행위이다. 바꾸어 말하면, 계율을 어기는 자는 인간관계가 원만하지 못하고 행동반경이 좁아져 자유롭지 못하게 된다는 것이다.

부처님이 말씀하신 계율은 획일적이거나 단순하지 않다. 출가자와 재가자가 자신의 위치에서 지닐 수 있도록 분류하여 설하고, 또 죄가 가벼운 것과 죄가 무거운 것을 설할 뿐만 아니라, 계목이 많아 그 요점을 이해하는 것이 쉽지 않다. 이런 점을 간파하고 1400년 전에 원효성사가 펴 내신 저술이 바로『보살계본지범요기』이다.

성사는 출가생활과 거사생활의 경험을 바탕으로 출가사문과 재가불자가 다 함께 지니고 닦아야 할「보살계」를 중심으로 그 요점을 모아 해설하였다.『보살계본지범요기』는 한문 4,660자[제목 8자 포함. 원고지 108장]로 구성된 비교적 짧은 글이지만, 그 뜻이 깊고 넓으며, 지계와 범계의 사례를 구체적인 예로 들어 설명하였다. 불자들이 계를 소홀히 하는 때문에 생소하게 느껴질지 모르지만 한 줄 한 줄 그 뜻을 음미하며 읽고 사유하면 대부분 이해하고 공감할 수 있는 내용이다.

불자들이 항상 지니고 다니며 수행의 거울로 삼도록 필자가 느낀 바를 간략하게 서술하겠다. 불교에서의 신행생활은 경론에 의하여 부처님의 지혜를 우러러 믿고 이해하여 그 신해(信解)에 의한 실천이 따라야 하는데, 그 바른 실천이 곧 계정혜의 정업(正業)이다. 계정혜의 정업은 깨달음으로 향하는 출발점인 동시에 자신이 믿고 이해하는 만큼의 행위인 것이다. 그러므로 그 정업이 드러나지 않으면, 완전한 신해가 아니며, 깨달음으로 향해 나아갈 수 없다는 것이다.

성사는 대부분의 출가사문이나 재가불자들이 정업을 행하지 않는 것을 보면서, 무엇이 문제인가를 다음과 같이 자세하게 분석하였다.[다음은 필자가 성사의 마음을 헤아린 글]

인간의 속마음과 바깥 행위나 모습은 동일하지 않아서 분별하기가 어렵다. 그러므로 함부로 판단해서는 안 된다. 출가사문이나 재가불자도 다를 것이 없다. 속마음과 바깥 행위가 정업으로 나타나려면 계율에 대한 이해가 깊어야 하고, 선정[지관수행]을 바르게 닦아야 하고, 부처님의 지혜를 바르게 알아야 한다. 이와 같은 전제 조건이 충족될 때에 계정혜의 정업이 드러나는 것이다. 계정혜의 정업은 깨달음의 지혜로 실천하는 모범된 행위이다.

출가사문이나 재가불자 중에 계정혜의 정업을 실천하는 이들은 극히 드물다. 대개 이름과 겉모습으로 포장하고 그 내면에는 탐욕과 교만의 마음이 자리하고, 청정한 계율을 빙자하여 자신의 이익을 탐내어 오히려 계율을 범하며, 있음과 없음의 양변에 떨어진 견해로 대중에게 해를 끼치고 불법을 어지럽힌다. 그들을 전예도인 · 극사사문이라고 이름하고, 사자 몸 안의 벌레와 같다고 말하는 것이다. 모두가 자각하여 계정혜의 정업을 닦지 않는다면, 세월이 흐르면서 마구니가 더욱 늘어나 불법의 생명이 위태로워질 것이다.

간절히 부탁하니, 『보살계본지범요기』를 보고 뜻을 같이 하는 사람은 이제라도 닦기 어려움을 스승으로 삼아 수행해 나아가면 점차 쉬워질 것이다. 곳곳에 계정혜의 정업을 실천하는 사람이 있으면, 꺼져가는 불법의 등불이 다시 살아날 것이다. 만약 지금 닦지 않으면 미래에는 사방팔방에 범계행위가 만연하여 국민이

불법과 승가를 염려하는 날이 올 것이다. 그런 시대가 오더라도 그들로부터 계와 계 아닌 것을 분별하거나, 자신의 이익을 위해 오욕에 집착하는 마음을 일으키지 말고, 자신의 계정혜의 정업을 살피며 정진하면 지혜와 복덕이 날로 증장할 것이다. 불법이 실로 불가사의하니 그 얻는 공덕도 불가사의한 것이다.

나는 오래 전에, 죽일 것 같은 활이 나를 향하였고, 항하사의 모래알처럼 수많은 이치에 맞지 않는 비난을 당하다가, 옛집에 돌아와 거사가 되었다. 그러나 불법에 대한 믿음과 전법의 열정은 변함이 없다. 왜냐하면 위대한 불법에 의해 우리민족의 뛰어남을 만방에 전할 수 있을 것이기 때문이다. 불법에 의해 모든 강대국들의 정신문화를 선도하는 시대가 올 것이기 때문이다. 이제 이 세상과 인연이 다할 날도 많지 않은 것 같아서 후학들에게 부끄러움을 무릅쓰고 『보살계본지범요기』를 저술한 것이다. 지혜로운 자는 잘 살펴보고 뜻이 같다면 곳곳에 전해주기 바란다.

원효성사의 마음을 헤아리며
불기 2563년 9월 9일
오룡산 정토원에서 정목 삼가 씀

백송 정목(白松 正牧)

1986년 10월 3일 출가사문의 길을 선택하여 수도의 길을 걷다.
1987년 9월 8일(음 7월 16일) 금정산 범어사에서
　　　　　벽파(碧坡) 대선사를 은사로 삼아 사미계를 수지하다.
1990년 9월 14일 자운(慈雲) 대종사로부터 비구계를 수지하다.
1991년 3월 1일 범어사 승가대학 수료.
1991년 10월 선문에서 정토문으로 회심하여 염불에 전념하다.
1998년 2월 중앙승가대학교 졸업.
1998년 하안거부터 십념과 관상염불에 집중하다.
1999년 2월부터 2004년 4월까지 춘천 소양강변에서
　　　　　원효의 일심정토사상을 연구하며 전수염불로 정진하다.
2004년 4월부터 양산 오룡산에 염불도량 정토원을 열어서
　　　　　염불을 권하고 지도하며 원효의 저술들을 탐구하고 있다.

○ 저서
　『염불신행의 원리와 비결』『한국의 염불수행과 원효스님』
　『윤회는 없다』『오룡골에는 여자가 없다』『일심정토 염불수행』
　『일체가 아미타불의 화신이다』『일체경계 본래일심』
　『원인론(인간세계의 근본을 밝히다)』『아미타경소』
　『무량수경종요』『반야심경 오가해』『일심정토』『아미타』
　『원효성사』

○ 인터넷 전법도량
　다음카페 '아미타파' : http://cafe.daum.net/amitapa
　'아미타파' 는 '광명의 물결' 이라는 뜻이다.
　광명의 물결은 은혜의 물결이며
　일체가 아미타불의 화신이라는 뜻이다.

○ 오룡산 정토원
　50582 : 경남 양산시 상북면 오룡길 391. 055) 375. 5844

○ 서울 아미타 염불원 (서울역 지하도 13번 출구 아래로 250m)
　04320 : 서울시 용산구 한강대로 353. 2층 02) 704. 5844

○ 부산 아미타 연구원
　46231 : 부산시 금정구 금강로 561. 051) 515. 5844

○ 대전 염불원
　34625 : 대전시 동구 대전로 849

원효의 생애 제2권
원효의 보살계

초판 1쇄 인쇄　2019년 9월 23일
초판 1쇄 발행　2019년 9월 27일

지 은 이 ｜ 백송 정목
펴 낸 이 ｜ 강대홍
편　　집 ｜ 이지향
펴 낸 곳 ｜ 금샘
등　　록 ｜ 제 2016-000008 호

주　　소 ｜ 부산시 중구 중앙대로 78. 5층
전　　화 ｜ (051) 464-6776
팩　　스 ｜ (051) 463-6031
이 메 일 ｜ kj9121@hanmail.net

값 12,000원
ISBN 979-11-88900-14-5

보 급 처 ｜ 법우당 (031) 945-4533
E-mail. bwd4437@ hanmail.net
※ 잘못된 책은 구입하신 서점에서 바꾸어드립니다.
※ 이 책은 저작권법에 따라 보호받는 저작물이므로
　무단전재 및 무단복제를 금합니다.